아픔을 간직하며
성장한 여러분과 함께
나누고자 합니다.

"자극과 반응 사이에 공간이 있다.
그 공간에는 반응을 선택할 수 있는 자유와 힘이 있다.
그리고 이 공간에서의 선택이
우리 삶의 행복과 성장을 결정한다."
-빅터 프랭클-

사랑
하면
통한다

지은이 | 박재연
펴낸곳 | 비전과리더십
등록번호 | 제1999 - 000032호
주소 | 140 - 240 서울시 용산구 서빙고로 65길 38
출판부 | 2078 - 3332   e-mail | tpress@duranno.com
영업부 | 2078 - 3333
초판 발행 | 2015. 2. 23
16쇄 발행 | 2024. 5. 8.

ISBN 979-11-86245-03-3 03320

비전과리더십은 두란노서원의 일반서 브랜드입니다.

나를 드러내고
타인을 수용하며
사는 이야기

사랑
하면
통한다

박재연

지음

비전과리더십

추천사

자기 자신을 만나는 일은 쉬울 것 같으면서도 참으로 어려운 일이다. 그리고 그렇게 만난 자신을 온전하고 너그럽게 받아들이는 것은 이 시대를 살아가면서 다른 어떤 것보다 '자신의 완성을 이루는 힘'이 된다. 이 책을 읽으며 나는 참으로 따뜻한 평화를 얻었고, 저자가 글을 만들기 위함만이 아닌, 실제 자신의 삶에서 대부분을 실천하고 행하며 적용하는 사람이라는 것에 숙연해졌다. 관계와 소통이 중요한 사회에서는 자신을 솔직하게 바라보고 타인과 진정성 있게 소통할 수 있는 리더가 필요하다. 그런 의미에서 나는 기업이나 조직, 공동체를 이끄는 리더들에게 이 책을 추천하고 싶다. 저자의 진실한 이야기 속에서 내가 얻은 평화를 많은 사람들과 나누고 싶다. 이 책의 추천사를 쓸 수 있음에 가슴 깊이 감사한다.

박용만 두산그룹 회장, 대한상공회의소 회장

《사랑하면 통한다》는 이 땅에 소중하고 귀한 존재로 보내진 순수한 어린 영혼이 고뇌하며 성장하고 성숙해가는 영적 여정을 그린, 아름다운 고백서다. 진정으로 아이들이 행복하고 안전하게 사는 세상을 만들기 원하는 모든 분들에게 이 책을 추천한다. 아동학대, 아동폭력, 아동방임이 우리 사회의 심각한 이슈가 되고 있는 이때, 아동기의 자녀와 함께하는 부모, 교사, 사회복지사, 상담가를 포함한 모든 이들에게 귀한 선물이 되리라 믿는다.

아동폭력은 겉으로 드러나지 않으며, '대물림'이라는 악순환이 거듭된다는 특성이 있다. 그렇다고 해서 폭력 속에서 자란 아이가 폭력을 가하는 사람이 되는 것이 정당화될 수 있는가? 결코 그렇지 않다. 저자는 빅터 프랭클의 말을 빌려 '자극과 반응 사이에 공간이 있다. 그 공간에는 반응을 선택할 수 있는 자유와 힘이 있다. 그리고 그 공간에서의 선택이 우리 삶의 행복과 성장을 결정한다'라고 단호히 선언한다.

저자는 자아를 되찾고 자존감을 세우며 자극과 반응 사이의 공간에서 여유로움을 되찾아간다. 그리고 마침내 자유와 힘을 누리며 단호히 말한다. '우리는 원치 않게 폭력성을 배우고 학습했지만 그것을 행하는 것은 우리의 선택이라고' 저자는 마침내 내가 나를 사랑하게 되니 비로소 너를 사랑할 수 있고, 이제 나와 너는 남이 아닌 '우리'가 된다고 고백한다.

김인숙 국제아동인권센터 기획이사. 아동인권교육훈련연구소 소장

박재연의 책을 읽으면서 '나를 사랑하고 다른 사람을 사랑하게 되는 작은 길'을 발견할 수 있었다. 두려움과 불안, 슬픔과 고통을 넘어 진정한 사랑으로 나아가게 하는 길. 그 작은 길을 걸어가다 보면 보석처럼 반짝이는 기쁨과 화사한 평화를 만나게 될 것 같은 설렘이 마음에 잔물결처럼 일었다. 입양을 통해 조건 없이 한 생명을 자녀로 받아들이는 부모와 또한 입양을 통해 조건 없이 한 사람을 엄마, 아빠로 받아들이는 아이들과 동반하는 여정 속에서 가장 자주 직면하게 되는 부분은 '사랑할 수 있는 역량'에 대한 것이다. 생부모와 살 수 없는 조건들, 친자를 출산할 수 없는 조건들, 과거와 불확실한 미래를 받아들여야 하는 불안 속에는 다양한 상처와 좌절, 두려움, 우울과 슬픔이 담겨 있다. 그러나 그 모든 것을 넘어 부모와 자녀가 되고 가족이 되어 가는 지난한 여정을 기꺼이 걸어가게 하는 힘은 결국 사랑할 수 있는 역량에서 비롯되는 것이다. 그래서 이 책이 가족이 되어가는 여정 위에 있는 입양가족들과 사랑 때문에 상처받고, 사랑하기 위해 상처받는 많은 사람들에게 닿기를 바란다. 또한 자신이 걸어온 삶의 속살을 드러내며 '마침내 나를 사랑하고 모든 사람을 사랑할 수 있게 되는 길'을 보여 주는 저자에게 깊은 존경과 감사를 드린다. 이 책이 가족이 되어가는 여정 위에 있는 입양가족들과 사랑 때문에 상처받고, 사랑하기 위해 상처받는 많은 사람들에게 닿기를 바란다.

남혜경 아눈시아따 수녀 성가정입양원장

그녀의 책은 살아 있다. 그녀의 글은 마음을 움직이는 것이 아니라 마음이 된다. 사랑하지 못했던, 그리고 사랑하고 싶은 우리 마음을 발견하고 놀라워하며 그것 때문에 상처와 고통과 연결되지 못했던 것들이 조용히 치유되는 경이로운 경험을 하게 되었다. 그녀의 책을 통해 다른 어떤 것들도 제대로 설명되지 않았던 공감과 연결의 고리가 이토록 풍성하고 행복하게 다가올 수 있다는 것에 참으로 놀랐다. 불화가 가득한 이 세상이 평화를 얻고 불안에 찌든 모든 인생이 평안을 누리리라는 믿음이 생긴다. 이 책은 당신을 위한 책이다!

진재혁 지구촌교회 담임목사

《사랑하면 통한다》는 시중에 쏟아져 나오는 자기계발서나 대화법과 관련한 책들과 비교할 수 없다. 지난 몇 년 동안 저자와 교류를 해 오면서 그녀만큼 평화로운 대화를 실천하며 사는 사람을 보지 못했다. 그녀는 아는 것을 행동에 옮기며 살아가는 사람이다. 끊임없는 자기 성찰과 자가 치유, 앎의 추구 그리고 나눔을 실천하고 사는 아름다운 사람이다. 그리고 도무지 말이나 언어로는 표현할 수 없는 인간적 매력을 지닌 사람이다.

최영희 메타연구소장 정신과전문의, 의학박사

PART 2 　지금 여기서 사랑하는 마음으로

Compassion 연민

PART 3 서로의 마음이 만나는 시간

Connection 연결

PART 4 더불어 걸어가는 삶을 위한 소통

Communication 소통

우리가 다시 회복하길
소망하며

'왜 나는 쉽게 상처 받을까?'

'왜 나는 훌훌 털어 버리지 못하고 마음에 간직한 채 곱씹으며 괴로워할까?'

'분명 털어 버리면 좀 가볍게 살 수 있을 텐데 왜 나는 그렇게 하지 못할까?'

조금 더 행복해지고 조금 더 건강해지기 위해 많은 고민의 시간을 가졌고, 많은 좌절과 눈물과 회복의 시간 뒤에 몇 가지를 깨달을 수 있었습니다. 나의 아픈 경험들 그리고 그 경험들로 형성된 신념들, 그 신념들이 바탕이 된 현재의 선택들, 선택으로 강화되는 부정적 생각들, 그 생각들로 굳어지는 외로움까지.

'저 사람이 조금만 더 나를 배려해 주면 좋을 텐데.'

'저 사람이 조금만 더 나를 이해해 주면 내가 행복할 텐데.'

이렇게 끝없이 남에게 제 삶의 선택권을 내어주고, 남의 평가에 신경을 쓰던 제 시선을 거두고 제 깊은 내면을 바라보기 시작했습니다. 그리고 깨달았습니다. 누군가로부터 사랑과 인정을 받기 위해 살아가는 한, 진실한 사랑은 결코 경험할 수 없다는 것을 말입니다.

지금 저는 이렇게 말하고 싶습니다. 내가 나를 사랑하지 못하는 삶은 세상에서 가장 큰 비극이라고. 내가 나를 사랑하지 못하면서 누군가를 사랑하려는 노력은 연극이며 나를 사랑하지 못하면서 사랑한다고 고백하는 대상들은 진정한 희생자라고. 내가 나를 사랑하지 못한 채 포장하는 내 자신의 외로움이 바로 '결핍'인 것입니다.

여름이면 굵게 쏟아지는 장맛비도 저의 고통을 씻어주지 못했고, 대지를 하얗게 덮어 버리던 함박눈도 제 안의 가식을 가려주지는 못했습니다. 저는 도저히 지난 세월의 제 자신을 있는 그대로 바라볼 용기가 나지 않았습니다. 제가 제 자신을 사랑하지 못하고 있다는 것을 인정하기가 정말 어려웠습니다. 전 제가 꽤 괜찮은 사람으로 인정받는 것이 너무나 중요했기에 상처를 드러내어 바라보는 것보다 그것이 보이지 않도록 하는 것이 더 급했습니다.

'온전한 나'보다는 '온전해 보이는 나'를 가꾸기에 너무나 바빴습니다. '진정한 나'는 안개처럼 사라지고 있었지만, '근사해 보이는 나'는 더욱 분명하게 힘을 키워가고 있었습니다. 그러다가도 누군가 저의 가면을 알아차리면 너무나 화가 났습니다. 그게 저의 자존심이라 생각했습니다. '나는 나를 사랑하는 사람이며, 상대를 사랑할 수 있는 사람'으로 보이길 원했습니다. 그러나 그것이 바로 '나의 Ego'(에고)였습니다.

우리의 에고와 맑은 영혼이 마주하는 순간, 그 반응은 우리의 몸으로 나타나곤 합니다. 누군가의 성취나 행복을 축하해 주고 돌아선 뒤 깊고 조용하게 흘러나오는 한숨으로 나타납니다. 사람들과 함께 즐거운 시간을 보낸후 돌아서서 홀로 창밖을 보는 멍한 표정으로도 나타납니다. 정신없이 하루를 살고 집으로 돌아와 베개를 적시는 눈물도 그것입니다. 이렇듯 우리 삶에서 자기 자신의 삶을 진정으로 되돌아보라는 신호는 일상의 곳곳에서 주어지는 소소한 자극으로부터의 반응 속에서 나타나게 마련입니다. 저의 에고가 끝없이 나아가라고 말하는 것과 달리, 제 안에 살아 숨 쉬는 영적인 힘은 저에게 이제는 그만 멈추고 네 자신을 보라고 말했습니다. 저의 에고를 알아차린 후 그것에서 벗어나고자 했을 때, 저는 알몸과 같은 제 실상을 보고 그만 무릎을 꿇고 엎드릴 수밖에 없었습니다. 그리고 앞으로의 나날들이 두려워 두 손으로 눈을 가리고 귀를 덮고만 싶었습니다.

그러나 그것은 분명 축복의 시작이었고 은혜의 시간이었습니다. 진실한 관계가 어떤 것인지, 사랑이 무엇인지를 알 수 있었기 때문입니다. 아픔과 고통, 후회와 좌절을 사랑으로 품을 수 있다는 것을 배웠기 때문입니다. 저는 아팠고 힘들었기 때문에 누군가로부터 보호받고 돌봄을 받아야 한다고 생각했는데, 이미 제 안에는 아픔과 고통을 품고 행복으로 걸어갈 수 있는 능력까지 있다는 것을 알게 되었습니다. 그리고 더 중요한 것은 그 능력이 저에게만 주어진 특별한 재능이 아니라, 우리 모두가 그럴 수 있다는 것을 확인했다는 사실입니다. 그러니 이렇게 말하지 않을 수 없습니다.

만일 누군가에게 상처받고 있다고 여겨져서 힘들다면, 누군가의 행동을 보며 자제하기 힘들만큼 분노하고 후회한다면, 반복적인 삶의 패턴 속에서 무력감을 경험하고 있다면, 좀 더 평온하고 평화롭게 자신을 대하고 상대를 대하고 싶다면, 먼저 자신을 사랑하는 진정한 방법을 '복습'하시길 권합니다. 여기서 '복습'이라는 단어를 사용한 이유는 이미 우리에게는 스스로를 사랑할 수 있는 능력이 있기 때문입니다.

이 책에는 여러 가지 이야기가 담겨 있습니다. 다른 사람들의 삶을 통해 스스로의 내면을 돌아보는 시간을 가질 수 있을 것입니다. 여러분의 달콤하지만 아픈 그 시간에 이 책이 작게나마 도움이 되기를 바랍니다. 그래서 온전한 자신으로 우뚝 서서 넓고 광활한 벌판에서도 혼자 머물 수 있는 힘을 갖고, 더 많은 사람들을 사랑할 수 있는 힘을 갖게 되기를 바랍니다. 용서에 대한 의무가 서로에 대한 깊은 이해로 승화되며, 자신을 책망했던 죄책감이 상대에 대한 깊은 아쉬움과 슬픔으로 고백되고, 내 앞을 가로막던 불안과 두려움이 내 삶의 동반자로써 평온과 함께 머물 수 있도록.

그렇게, 서로의 취약함을 내어놓고 함께 머물며
비로소, 스스로를 진심으로 사랑할 수 있게 되어
마침내, 누군가를 진정으로 사랑하는 날을 마주하기 위해

2015년 2월
삶을 돌아볼 힘을 준 아들, 사랑하는 관훈이에게 감사하며

Belong to GOD, Being me, Loving you.

PART 1

세상을 바라보는
지금의 나 만나기

Confession

자신의 연약함을 보는 과정은 때로 두려움, 오열, 조용히 흐르는 눈물, 고함쳐 나오는 원망과 깊은 한숨을 동반합니다. 솔직한 것이 무엇인지를 배우는 대가로 감추고 싶은 아픔을 모두 꺼내야 하기도 합니다. 그러나 이러한 애도의 과정은 정말 가치 있는 선택입니다.

연약함과 취약함을 고백하는 직면의 과정, 상대가 가진 '세상을 바라보는 틀'을 분석하고 비난하는 것이 아니라, 자신이 세상을 바라보고 해석하는 왜곡된 틀을 먼저 보는 것이 바로 담대히 직면하는 고백Confession입니다. 이 직면은 우리의 마음 안에 있는 진정한 사랑Compassion으로 가는 관문의 첫 번째 열쇠입니다.

한 명이라도
진실한 관계를 맺고 싶다면

"우리는 공통점 때문에 친해지고, 차이점 때문에 성장한다."
- 사티어(Satir)
"옳고 그름 저 너머에 언덕이 있습니다. 나는 그곳에서 당신
을 만나고 싶습니다." - 잘랄루딘 루미(이란의 13세기 시인)

친구에 대해 생각해 봅니다. 학창시절과 사회생활을 통해 지금까지 다
양하게 맺어온 관계를 봅니다. 저는 주로 제가 좋아하는 사람들과 만나
오며, 제 자신을 참 평화로운 사람이라고 착각해 왔던 것 같습니다. 과
거에 제가 갈등을 풀어가는 방식은 주로 참고 참다가 용납하지 못할 정
도에 다다르면 그를 무참히 비난하며 관계를 단절하는 식이었습니다.

내적으로든 외부로 표현을 하든, 어떻게든 상대가 알 수 있도록 비난하며 단절했습니다.

그 단절이 저에게 주는 첫 번째 이점은 그를 미워함으로써 스스로에 대한 죄책감을 줄여 주었고, 두 번째는 앞으로 예측되는 그와의 관계에서 비롯될 고통이나 갈등으로부터의 해방감을 느끼게 해 주었습니다. 이런 이점은 상당히 매력적입니다. 특히나 자기 자신에 대한 보호의식이 강할수록 말입니다.

그런데 언제부터인가 저는 제 삶이 무척 고립되어 가고 있고, 편협한 관계 속에 있음을 알아차렸습니다. 이럴 때 우리는 두 가지 선택을 할 수 있습니다. 하나는 편협한 관계에서 외로움을 경험하는 원인을 여전히 타인에게 두고 비난함으로써 스스로를 더욱 고립시키는 것입니다. 또 하나는 얼른 자신의 내면으로 들어가 솔직한 생각을 알아보는 것입니다. 자신이 상대를 규정짓고 판단함으로써 관계를 단절시켜 왔다는 것을 인정하는 것입니다.

우리는 한 개인을 존재 자체로 보지 못하고, 혈액형으로 구분 짓고, 성별로 구분 짓고, 여러 종류의 성격유형검사 등으로 구분지어 분석하고 평가합니다. 그 상대를 대할 때 미리 여러 가지를 진단함으로써 소통의 갈등을 경험하는 것입니다. 우리가 경험하거나 진단한 잣대에서 벗어나거나, 우리의 도덕적인 기준과 다른 방식으로 행동하면, 그의 존재를 부정하며 자기 마음대로 평가해 버리는 것입니다.

우리의 대다수가 이런 방식으로 인간관계를 맺어오고 있습니다.

이런 관계의 방식은 정말 비참합니다. 오래된 사건이지만 전 세계인의 마음을 아프게 했던 사건, 미국의 911테러의 참상을 떠올려 봅시다. 가치가 다르다는 이유로 세상 한편에서는 무기를 소유한 채 위협과 협박으로 자신을 보호하고, 다름을 이해하기보다는 자신의 사고에 상대를 가두고 이용하기 위해 무차별 학살도 주저하지 않았습니다.

자기의 목숨까지도 학살에 이용하며 생을 마감한 자살테러범들은 영화 속의 한 장면처럼 비행기를 조종해 높은 건물을 향해 돌진했고, 그 결과로 너무나 무고한, 당연하고도 평화로운 아침을 맞이하고 있었던 수천 명의 사람들이 희생되었습니다. 그 사람들이 죽음으로써 그들의 삶만 희생된 것이 아니라, 개개인마다 맺어왔던 소중한 가족과 친구, 모든 친밀한 관계마저도 희생되었습니다. 서로의 가치가 다르다는 것을 인정하지 않은 결과로 그들은 자신의 목숨을 내던지는, 그런 비극적이고 폭력적인 방식으로 그들의 생각을 표현했습니다.

상대의 존재에 대해 부정하고 판단하고 비난할 때의 결과는 이렇듯 다른 나라에서만 볼 수 있는 것은 아닙니다. 인터넷에서 흔히 볼 수 있는 비난 섞인 댓글이나 연예인과 공인들의 사생활에 대한 글들, 심지어 가족들의 대화 속에서도 이런 비극들은 만연해 있습니다. 그나마 희망적인 것은 우리에게는 이런 선입견, 판단, 평가를 뛰어넘는 자비심이 있다는 것입니다. 얼마 전에 세상을 떠나 진정한 평안의 길로 여행을 가신 넬슨 만델라 대통령은 이런 말을 했습니다.

"아무도 그의 피부색이나 배경이나 종교 때문에 다른 사람을 미워하도록 태어난 사람은 없습니다. 사람들은 미워하는 방법을 학습 받음으로써 배웠습니다. 만약 미워하는 방법을 배울 수 있었다면 그들은 사랑하는 방법도 배울 수 있습니다. 그리고 사랑은 미워하는 것보다 우리 마음에 훨씬 더 자연스럽게 느껴집니다."

이러한 자비로운 마음으로 상대를 볼 때, 상대에 대해 다른 의식적인 사고를 할 수 있게 됩니다. 도덕적인 판단으로 상대를 비난하지 않고 다양성에 대한 존중과 이해로 대할 수 있게 됩니다.

비폭력대화를 개발한 마셜 박사는 "우리의 내면에는 상대의 삶을 풍요롭게 하는 데에 기여하고 싶은 마음이 있다."라고 말했습니다. 이것이 우리의 행동으로 나타나려면 서로의 차이를 뛰어 넘는 다양성에 대한 깊은 이해가 바탕에 있어야 합니다. 친구가 되는 능력은 바로 그런 다양성에 대한 깊은 이해에 달려 있습니다. 여러분은 얼마나 많은 이들과 친구가 되고 있습니까?

평화의
시작

공황발작이 나타날 때마다 '내가 이렇게 미쳐서 죽겠구나!'라고 생각했습니다. 어쩌다 이런 불안과 두려움 속에서 살아가게 됐는지 억울하고 분하고 무서워서 어쩔 줄을 몰라 아무것도 할 수가 없었습니다. 그런 시간을 보내면서 제가 할 수 있는 것이 별로 없다는 것을 인정할 수밖에 없었습니다. 그런데 그 인정을 하고 싶지 않아서 무던히도 애를 쓰고 무언가를 잡고 있었나 봅니다.

어느 날 집 앞 벤치에 나가 앉아 있었습니다. 여전히 가슴은 이상했습니다. 그때 정신과 최영희 박사님이 한 말이 떠올랐습니다.

"공황은 쥐가 오르는 것과 같아요. 쥐가 오를 때 우리는 누

구도 죽을 거라 생각하지 않죠. 공황이 올 때도 마찬가지에
요. 그 감각에만 머무르고 가만히 있으면 사라집니다."

그 말이 떠오르자 마음이 조금 편안해지는 것 같았습니다.
그때 제 자신에게 속으로 말했습니다. '그래, 네 맘대로 해
봐. 죽든지 말든지. 난 더 이상 아무것도 할 수가 없어. 아니
아무것도 안 할 거야!' 라고.

그리고는 벤치에 누워 눈을 감고 바람을 느꼈습니다. 무언
가 변화시키려고, 어떻게든 해결하거나 극복하기 위해서 노
력하고 애쓴 것은 없는데 갑자기 제 가슴이 편안해지고 있
었습니다. 그날 무언가를 붙잡고 있는 것이 제 자신을 얼마
나 힘들게 하는지 깨달았습니다.

• • •

평온이란 '즐겁거나 슬프거나 무언가를 극복하거나 이겨내려는 것에서
한걸음 물러나, 무언가를 하지 않아도 어떤 것을 얻으려는 노력을 하지
않아도, 때로는 노력을 했지만 얻지 못했을지라도 마음이 자유롭고 고
요한 상태'입니다.

제가 경험해 왔던 많은 일들은 평온과는 거리가 멀었습니다. 당신
의 삶은 어떠셨습니까? 혹시 어려서부터 원하는 것을 표현할 수 없었
습니까? 스스로 부족한 사람이라는 자책과 싸우며 치열하게 살아온 것
은 아닙니까? 살아남기 위해 눈치를 보며 부모님이나 어른들의 기분을

맞춰야만 했습니까? 그렇게 살아왔다면 그것은 풍요로운 삶을 배워나가기 위해서라거나 더 성숙한 인생을 위한 고상한 경험이 아니라, 생존을 위한 몸부림이었을 것입니다. 언제부터인가 우리는 행복해지기 위해 집착하고, 행복하기 위해 무언가를 노력하고 성취하려 할수록 평화로운 삶과는 멀어지며 우리 자신을 또 다른 집착으로 몰아넣는 것을 알 수 있습니다.

평화로운 사람은 평화로움을 좇지 않습니다. 행복한 사람은 자신이 행복한가를 의식하지 않습니다. 우리가 진정으로 원하는 것이 무엇인가를 깊이 성찰하는 시간을 통해, 그동안의 삶이 그것과는 실로 반대되는 길로 향하고 있었음을 깨닫길 바랍니다. 저는 제가 그렇게 살아왔다는 것을 알게 되었을 때 가슴이 무척 아팠습니다.

누구를 위해 이렇게 살아온 것입니까? 누군가가 알아주지 않고, 인정받고 싶은 마음이 충족되지 못하는 삶 속에서 얼마나 지치고 외롭습니까? 치열하게 살지 않아도 많은 것을 손에 넣지 않는다 해도 내 마음대로 상대가 움직여 주지 않는다 해도 외부적으로 규정해 놓은 성공의 둘레 안에 놓여 있지 않더라도 우리는 평화롭게 살 수 있습니다. 태풍이 주변의 모든 것을 집어삼켜도 그 중심의 눈은 고요하듯이, 외부적인 상황들이 휘몰아치고 모든 것을 쓸어간다 해도 마음은 평온하고 자유로울 수 있습니다. 또 만약 그렇지 않다 해도 우리가 그런 상황에서 무엇을 할 수 있겠습니까?

어떤 분들은 '그것이 포기와 무엇이 다른가?'라고 반문할지 모르겠습니다. 포기란 어떤 것도 하지 않는 무기력한 태도지만, 수용이란 자발적인 마음으로 모든 상황과 환경을 그대로 받아들이는 것과 같습니다. 내적인 평온이란, 내가 원하는 것을 선택하고 기꺼이 다가가려 노력하며 그 결과를 수용하는 과정에서 이루어집니다.

우리가 내적으로 평온할 때,
비로소 상대의 미소와
눈물이 보입니다.
우리가 평화로울 때
상대를 위한 공간이 열립니다.
그렇게 자신을 수용할 때
상대도 수용할 수 있습니다.

그러나 결코 상대를 수용하기 위해서 내 자신을 수용하는 것은 아닙니다. 세상의 평화는 내적인 평온함에서 비롯된다는 것을 기억해야 합니다. 스스로를 몰아치고 자신에게 그토록 냉정한데, 다른 누구를 진심으로 품고 사랑할 수 있겠습니까?

시원한 바람과 청명한 하늘이 감사히 여겨지는 가을의 한낮을 보내고 있습니다. 기분이 좋고 마음도 평안합니다. 그렇다고 걱정거리가 없는 것은 아닙니다. 그렇지만 지금 여기, 제가 누운 이곳에는 그런 것들이 존재하지 않습니다. 시원한 바람이 불고 청명한 가을 하늘이 눈에 펼쳐져 있습니다. 그리고 모든 걱정들로부터 자유롭습니다. 지금 당신이 있는 그곳에는 무엇이 있고 어떤 소리가 들립니까?

기꺼이 즐거운 마음으로 많은 것을 주고받을 수 있는 마음의 상태, 마음에 들지 않는 이를 위해서도 자비로운 마음으로 기도해 줄 수 있는 상태, 상대의 고통을 덜어주기 위해 무언가를 해결해 줄 수는 없지만 그 고통에 함께 머물며 느껴주는 그 상태가 바로 상대와의 평화로운 관계에서 가장 중요한 요소이며, 내 삶의 평온에 결정적인 조건이 됩니다.

저는 평온이라는 것은 얻어내는 것이라고 믿었습니다. 그리고 제 상황에서의 평온은 결코 이루어질 수 없는 것이라 생각했습니다. 평온해지기 위해서는 더 많은 것을 손에 쥐어야 한다고 생각했습니다. 지금 이 순간, 언제라도 평온할 수 있는 것임을 저는 정말 몰랐습니다. 내 안이 평온해지면 주변이 화평해지고 그 영향력이 세상으로 뻗어나가 평화로운 세상이 된다는 것을 기억하기 바랍니다.

각기 다른 별이 모여
아름다운 은하수가 된다

　　　　　　　　　　어린 내 눈에 비친 그 친구
는 자기 의사를 마음껏 표현하면서도 사랑받았습니다. 그런
친구의 모습은 부럽기 그지없었습니다. 엄마에게 마구 투정
을 부리면서 간식이 맛없다고 다시 해 달라는 친구를 보면서
나는 얼마나 부러웠는지 모릅니다. 그 친구를 바라보며 점점
시야가 뿌옇게 흐려졌던 그날, 내 눈에 고인 눈물은 그 친구
를 바라볼 수 없게 만들었고, 그것은 마치 나에게 '너에게는
바라볼 자격조차 없어.'라고 말하는 것 같았습니다.
'왜 저 아이는 특별히 노력하지 않고도 저렇게 행복해 보이
고 사랑받는 것 같을까?'
나는 그런 생각을 하면서 세상을 원망하기 시작했습니다.

그럴수록 세상은 더 불공평해졌고 살아남기 위한 내 삶은 더욱 치열해져 갔습니다. 더 노력해야 했고 더 좋은 사람으로 보여야만 사랑받을 수 있다고 믿었기에, 더 많이 참으며 내 삶의 행복을 위해 나아갔습니다. 참고 견디면 언젠가 이 고통이 끝나고 보란듯이 행복이 펼쳐질 거라 믿었습니다.

아무리 노력해도 운 좋은 사람을 따라갈 수 없다는 말이 진리처럼 다가오면서 내 행복은 아무리 마셔도 갈증이 나는 소금물 같이 느껴졌습니다. 나는 매 순간 반복적으로 무너졌습니다. 타인의 행복을 진정으로 축하해 줄 수 없었고, 타인의 기쁨을 함께 기뻐해 줄 수 없었으며, 타인의 슬픔을 깊이 애도해 줄 수 없었던 날들이었습니다. 내 질투는 나를 더욱 노력하게 만들었지만 그것은 이내 좌절되었고, 내가 할 수 있었던 것은 어떻게든 그 친구를 깎아내림으로써 내 안을 채우려 했던 시기뿐이었습니다. 시기와 질투는 결국 내 삶의 행복을 앗아가 버렸습니다.

• • •

내가 정말 간절히 원했지만 갖지 못한 것을 갖고 있는 타인을 보면서 상대적으로 큰 박탈감을 느꼈던 경험이 있습니까? 우리는 세상의 거친 파도 속에서도 내적인 고요함을 간직하길 바라고, 어떤 상황에서도 침착하게 대처할 수 있는 능력을 갖추고 싶어합니다. 그러나 그런 우리의 바람은 외부적인 자극들로 인해 무너짐을 반복하며 우리의 불안을 키웁니다.

질투와 시기는 대개 가까운 관계에서 나타납니다. 유명한 영화배우의 아름다움에는 찬사를 보내면서도 가까운 친구의 외모에는 질투하며, 빌 게이츠의 부를 질투하기보다는 내 직장 동기의 빠른 승진을 질투합니다. 가까운 사람들을 보며 내 평안을 유지하지 못하는 이유는 바로 가까이에 조금 더 앞서 나가고 있는 그들의 삶이 자극이 되기 때문입니다. '나도 할 수 있을 것 같은데 왜 나는 그렇게 될 수 없는가?'를 생각하며 억울하고 아쉬운 마음에서 비롯되는 질투와 시기, 그것은 우리의 삶을 건조하게 만들고 서로가 기쁨과 슬픔을 온전히 나눌 수 없게 만들어 버립니다.

시기와 질투는 결코 우리의 입 밖으로 나오거나 말로 표현되지 않습니다. '나는 네가 부럽다.', '나도 너처럼 되고 싶다.'라는 말은 가슴에 묻어두어야 하는 말이 됩니다. 왜냐하면 그것은 마지막 자존심이기 때문입니다. 타인의 삶을 보고 자극이 되어 내 삶을 좀 더 경쟁적으로 살아가고자 하는 '질투'나 타인의 성공을 끌어내리고 폄하하는 데 힘을 쓰는 '시기'는 모두 경쟁구조 속에서 생겨나고 커져 온 힘입니다.

자신의 성장과 보람, 성취를 위해 한걸음씩 걸어 나가는 삶과 타인의 삶을 좇기 위해 걸어가는 삶은 다를 수밖에 없습니다. 전자에는 과정의 기쁨과 실패의 수용과 현실의 인정과 결과의 아름다움이 있지만, 후자에는 과정보다는 결과의 수치가 중요하고 실패는 수치스러우며 현실은 외면하고 싶은 대상일 뿐입니다.

하지만 다른 사람의 삶을 보듯이 한 발자국 떨어져 자신을 보면, 우리는 갖고 있는 것보다 갖지 못한 것에 얼마나 집착하며 살아가는지를 객관적으로 볼 수 있게 됩니다. 그리고 가진 것에 대해 감사하는 마음이 삶을 얼마나 풍요롭게 하는지를 알 수 있게 됩니다.

많은 것을 가짐으로써 존재의 가치를 확인하는 사회의 시선에 아랑곳하지 않고 평안함을 유지하는 사람들은 내면의 고유한 아름다움에서 자신의 존재 가치를 확인합니다. 내적인 성찰과 자기 모습을 수용하는 과정은 우리에게 진정한 평안이 무엇인지를 알려 주고 친절히 그 세계로 안내해 줍니다.

우리는 모두가 특별한 존재로 세상에 왔습니다. 그리고 독특하고 고유하며 아름다운 존재입니다. 우리가 이 사실을 알아차리면 우리 삶은 타인의 인생을 좇아가지 않고 자신만의 삶의 리듬을 즐기며 걸어갈 수 있습니다.

세상을 결핍의 개념으로 바라보면, 상대의 기쁨을 축하할 수 없습니다. 내 것을 빼앗기는 것으로 해석되기 때문입니다. 오래도록 그런 결핍의 눈으로 바라보던 저에게 세상은 고통이었습니다. 그러나 상대의 기쁨을 축하해 준다는 것은 결핍이 아니라 풍요로움입니다. 나눌수록 나의 삶도 풍요로워진다는 인식은 질투나 시기로부터 우리를 벗어나게 하고 자유롭게 해 줄 것입니다.

우리 마음에 여전히 부러움과 시기의 대상들로 남아있는 사람들을 떠올리고, 그들을 마음에서 내보내 주어야 합니다. 당신은 당신의 삶의 무대에서 살아가면 됩니다. 나는 내 삶의 무대에서 살아갈 것입니다. 인생의 시계는 각각 다를 것이고 나는 내 시간의 속도대로 살아갈 것입니다. 어쩌다 우리가 한 무대에서 마주친다면 무거운 삶에 지친 서로를 안아주고 나누고 위로합시다. 내가 이해하지 못한다 해도 당신에게는 고통일 수 있고 당신이 볼 수 없다고 해도 내 삶에도 분명 고통이 있을 테니.

　　세상의 많은 별들 중 하나가 당신의 것임을 축하해 주고 싶습니다. 세상의 많은 별들 중 하나가 나의 별임을 축하해 주십시오. 우리가 그렇게 만나 각각의 삶을 감사하며 살아가는 것으로 충분합니다.

　　세상의 별은 하나일 때보다 각각의 눈부신 별들의 만남일 때 아름답다는 것을 이제는 알 것 같습니다. 우리가 각각의 별로서 우주에 떠오를 때 그것이 세상을 밝혀 줄 것을 말입니다. 당신을 진심으로 축복합니다. 그리고 자신을 축복해 주십시오.

내가 있기에
상대도 있다

우리나라에서는 '음식을 주문할 때, 다 통일하는 것이 자연스럽다고 여기고 옷차림도 나이대별로 비슷하다'라고 합니다. 어느새 튀면 욕을 먹고, 개성은 주눅이 들며, 독특함은 인정받지 못하는 사회가 되었습니다. 그런 사회적인 구조 속에서의 두려움은 선택의 기준을 나에게서 앗아가 상대에게 주고 말았습니다. 왜 그토록 어려운지 모르겠습니다. 왜 우리는 무조건 다른 사람들이 먹고 싶은 것을 따라 먹고, 다른 사람들이 좋다는 것을 좋아해야 한다고 생각하고, 우리를 싫어하는 그 사람에게 잘 보이기 위해 모든 에너지를 사용하며 살았던 것입니까? 지금 생각해 보면 그 모든 것이 얼마나 부질없는 선택이었습니까? 그것을 알면서도 오랜 시간을 그렇게 살아온 우리 자신에게 깊은 애도를 표현하게 됩니다. 정말로 원하는 것이 무엇인지를 생각하고 느끼며 살아간다는 것은 저에게도, 여러분에게도 어려운 일이었을 것입니다.

나 혼자만 잠시 참으면 된다는 생각, 저 사람과의 관계를 위해 나만 잠시 인내하자는 생각, 모든 공동체의 평화를 위해 내 의견은 내세우지 않는 것이 좋다는 생각, 그렇게 살아가던 삶에 찾아왔던 우울은 우리에게 더 이상은 그렇게 살아가면 위험하다는 신호를 보내 주는 선물이자 경고였습니다.

인정받고 싶고 사랑받고 싶어서 타인의 평가에 자신을 맞추면서 살았지만 시간이 지나면서 자신의 가치가 결코 타인의 평가에 좌지우지되는 것이 아님을 알게 되면, 그때서야 비로소 존재에 대해 깊이 수용하고 사랑하려 노력합니다. 하지만 이내 그것이 얼마나 어려운 일인가에 더욱 놀라게 됩니다. 왜냐하면 생각의 기준이 철저하게 외부적인 환경에 맞춰져 있기 때문입니다.

우리의 가치는 외부의 판단에 달린 것이 아니었습니다. 행복의 기준이 타인에게 있는 한, 달려가다가 멈추어서도 안 되고 뒤돌아보아서도 안 되는 사람이 됩니다. 넘어지면 실패한 것이 됩니다. 질주만이 성공으로 이끌 것입니다. 우리가 넘어지면 타인은 이미 저만큼 가버렸기에 또 다시 좌절하고 말기 때문입니다. 스스로에게 물어봅니다. 그렇게 열심히 뛰어가면 무엇이 있습니까? 지금보다 더 많은 돈과 명예, 권력이 주어질 것 같습니까? 그러면 그것들이 우리를 어떻게 만들어 줄 거라고 믿습니까? 세상을 떠나는 사람들은 결코 그것들이 자신을 행복하게 해 주었다고 회상하지 않습니다. 혹은 그것들을 손에 넣은 후 허탈감을 맛본 사람들은 결코 그것들에 집착하지 않습니다. 그것은 우리의 사고가 주입한 행복의 기준일 뿐입니다. 그랬기에 '남들이 보기에 내가 어떠한가?'라는 것이 더욱 중요한 기준이 되고 말았습니다.

사람은 타인의 평가로 결정되지 못합니다. 행복해지기 위한 기준점도 되지 못합니다. 타인에게 나의 가치를 판단하는 키를 넘겨주고 사는 한, 자신감과 무기력감도 같은 선상에 있게 될 것입니다. 자존감이 낮은 것과 자존감이 높다는 것도 마찬가지의 결과입니다. 사랑을 한다는 것과 사랑을 받는다는 것도 마찬가지로 위험합니다. 왜냐하면 그 모든 것은 타인의 평가와 외부적인 판단으로 결정되기 때문입니다. 우리의 진정한 가치는 외부적인 판단으로 부풀려지는 풍선도 아니고, 외부의 평가로 펑하고 터져 버리는 것도 아닙니다. 그것은 '진정으로 가득 채워진 자아'를 의미합니다.

타인의 기준으로 가치와 행복을 판단하려 한다면 우리가 보는 거울에는 자신이 아닌, 타인이 있을 것입니다. 우리의 삶이 얼마나 더 건조해져야 이 질주를 멈추겠습니까? 얼마나 더 지치고 쓰러져야 그만하게 되겠습니까? 이 거칠고 메마른 질주에 다른 누군가의 손을 또 잡아끌고 있지는 않습니까? 사랑하는 친구, 자녀의 손을 잡고 이 질주로 끌어들이고 있지는 않습니까?

세상은 내가 없어도 돌아가지만 내가 없다면 세상은 의미 없는 것.

내 삶의 주인공은 자신일 뿐입니다. 상대가 있기에 내가 있는 것이 아니라, 내가 있기에 상대가 의미 있는 것입니다. 누군가에게 잘 보이며 자신의 가치를 확인하려고 했다면 이제는 그런 의미 없는 행위를 바로 중단해야 합니다. 그러나 우선 그것이 자신의 모습이었음을 담담히 고백해 봅시다. 인정받고 싶어서 때로 내 자신을 감추었고, 사랑받고 싶어서 때론 내 자신을 속였습니다. 이제는 아픔이 올라오면 그 아픔도 받아들이기로 결정합니다.

내가 있기에 상대가
의미 있는 것입니다.
누군가에게 잘 보이며
자신의 가치를 확인하려고 했다면
이제는 그런 의미 없는 행위를
바로 중단해야 합니다.

어린 시절의 기억으로
세상을 바라보다

초등학교 2학년 때였다. 그
날은 평범했던 여느 날과 같았다. 학교를 마치고 집에 왔을
때 거실에 적혀 있는 엄마의 짤막한 편지를 보기 전까지는.
'엄마가 집을 나갔다. 그럼 오늘 밤 집에 오지 않는 건가?'
나는 엄마 생각을 하며 멍하니 주저 앉아버렸다. 아직도 그날
의 날씨와 내 마음 상태, 집 안의 분위기가 고스란히 기억난
다. 나는 잠시 후 일어나 부엌으로 가서 혼자 밥을 차려 먹었
고, 시간이 지날수록 조급해지고 불안해져서 집안을 이리저리
돌아다녔다. 어둠이 자욱하게 깔리고 누군가 계단을 올라오는
소리가 나자 나는 달려 나갔다. 아빠였다. 아빠에게 엄마가
없어졌다고 울면서 말했지만 싸늘한 아빠의 얼굴과 침묵 그리

고 뿌연 방 안에 가득했던 담배 냄새만이 나를 기다리고 있었다. 아빠는 아무 말도 하지 않고 방으로 들어가셨다.

나는 엄마가 곧 돌아올 거라 생각했지만 계속 눈물이 나서 밤마다 울었다. 그렇게 베개가 눈물로 다 젖어버리면 베개를 뒤집어서 또 울다가 잠이 들었다. 며칠이 지나도 엄마는 오지 않았고 아빠는 몇 날 며칠 집에만 계신 것 같았는데, 며칠 후 아빠는 나에게 말했다.

"똑똑히 들어. 너희 엄마는 너를 버리고 떠났다."

'내가 버림받을 만한 존재였나? 내가 그토록 가치 없는 존재였나? 내가 무슨 잘못을 해서 엄마가 떠났을까? 내가 어떻게 하면 엄마가 돌아올까? 내가 더 잘 할 수 있는데. 제발 엄마가 돌아왔으면….'

하지만 엄마는 끝내 돌아오지 않았다. 나는 그날 이후로 버림받았다고 믿었다.

● ● ●

어린 시절의 기억은 우리 마음 한편에 강하게 남아 있습니다. 그리고 그때의 경험은 무의식 저 깊은 곳 어딘가에 남아 현재의 삶에 영향을 주곤 합니다. 우리의 전부였던 부모님은 우리가 사는 세상 그 자체였습니다.

　　부모의 상황 자체가 아이들이 겪게 되는 고통의 절대적인 원인은 아닙니다. 그것보다는 상황에 대처하는 부모님의 자세와, 아이와 맺어가는 관계가 어떤가에 따라 아이가 겪게 되는 고통이 결정됩니다. 다시 말해 아이는 부모가 처하게 된 열악한 환경 자체보다는, 그 과정에서 겪게 된 비극적인 의사소통을 통해 자기 존재에 대한 가치를 상실하게 되는 것입니다.

어린 시절의 우리는 삶을 온전히 부모님께 내어 맡길 수밖에 없습니다. 그래서 우리 기억 속에는 언제나 '엄마' 그리고 '아빠'가 아니라 '우리 엄마, 우리 아빠'가 있습니다. 그분들은 당시 우리의 존재를 가능케 하는 전부였습니다. 그 시절에 부모님들이 부모로서의 역할을 제대로 수행할 수 없게 되는 상황이 오면 세상이 끝날 것처럼 두려워하고, 그 두려움은 상상을 초월합니다. 그리고 이런 생각을 가져다주게 됩니다. '나는 버림받았어. 나는 세상에 혼자야. 나를 보호해 줄 사람은 없어. 이제 나는 끝이야.'

만약 어떤 상황이나 이유로 인해 부모님이 우리를 양육하지 못했고, 생일도 챙겨 주지 못했으며, 학교 활동에 적절히 참여하기도 힘들었고, 어린이날이나 크리스마스 혹은 명절 때 손을 잡고 함께 다니지도 못했다면, 저는 그 시절에 어린 아이로서 겪어냈을 그 외로움과 서러움에 먼저 공감하고 싶습니다.

그때 스스로 '내가 이렇게 버려졌구나.', '나는 쓸모없는 아이구나.', '우리 엄마 아빠에겐 내가 소중하지 않구나.'라고 생각했다면 그 아픔을 먼저 안아 주어야 합니다. 친구들의 모습을 보면서 느꼈을 그 상대적인 박탈감과 고통이 얼마나 컸을지 짐작해 보아야 합니다. 그 시절로 돌아가 그 아이의 어깨를 따뜻하게 안아 주고 싶습니다. "많이 외로웠지? 많이 힘들었겠다. 너도 따뜻하게 돌봄을 받고 싶었을 거고, 부모님의 관심과 사랑이 정말 필요했잖아."라고 말하면서 사랑으로 안아 주겠습니다. 살아오면서 그 아픔이 얼마나 컸을지, 그 외로움이 얼마나 깊었을지 잠시 멈추어 그 마음을 함께 나누고 싶습니다.

"저는 성인이 되어서도 누군가를 사랑하면 불안해졌어요. 언제 또 나를 버리고 떠날지 모른다는 두려움이 늘 있었죠. 그래서 그 사람이 날 정말 사랑하는지 항상 확인했어요. 그가 사소한 행동이라도 나를 서운하게 하면 저는 마구 그를 공격했어요. 이렇게 해도 제 곁에 있어줄 수 있는지 정말 알고 싶었던 대가로 저는 늘 그 사람을 아프게 했고, 결과적으로는 제 자신이 가장 괴로웠어요."

상대의 작은 말에도 버림받을까 봐 두려워서 굴복하거나, 발끈하며 분노하거나, 신뢰하지 못해 불안해하고 있습니까? 그것은 상대나 우리에게 문제가 있어서가 아니라, 우리의 과거 경험에서 비롯된 해석이 그 원인일 수 있습니다. 그러나 우리는 상대에게 문제가 있다고 믿었고 그 사람이 무언가 고쳐야 한다고만 생각했습니다. 우리가 옳다고 우겨야 했고, 상대가 미안하다고 말하며 맞춰 주면 기분이 나아지는 것도 같았습니다. 그 모든 것이 편하긴 했습니다. 그리고 종종 그게 행복이라고 생각했습니다. 그러나 그 뒤엔 늘 누군가의 희생과 눈물이 있었습니다. 그것은 진정한 행복이 아니었습니다.

우리는 우리를 세상에 보내신 고귀한 신의 의도를 제대로 알기도 전에, 부모님의 어려운 상황과 한때의 미성숙한 태도로 인해 낮은 자존감을 학습하게 됩니다. 세상의 전부인 부모로부터 버림받았다는 생각이 바로 그 강력한 먹이가 됩니다. 그 생각은 우리의 존재가 가치 없음을 나타내고 그것은 곧 세상에 대한 불신이라는 하나의 틀, 즉 핵심 신념을 형성하는 계기가 됩니다. 그리고 그 틀은 또 불안과 두려움의 먹이가 됩니다. 우리 마음을 가득 채운 두려움과 불안 때문에 얼마나 많은 도전과 선택이 가로막히고 좌절되었는지를 깨닫게 되니 가슴 깊은 곳에서부터 슬픔이 차오릅니다.

그러나 분명한 것이 있습니다. 우리는 버림받았던 것이 아니라, 우리 스스로 버림받았다는 생각을 하고 있었던 것뿐입니다.

내 안의 폭력성과
마주하다

아이가 다섯 살이 되던 무렵이었다. 이제 말도 잘 알아듣는 나이라고 생각했던 나는 점점 강요하고 협박하는 엄마가 되어가고 있었다. 그러던 어느 날, 아이와 함께 백화점에서 무언가를 사고 나오는 길에 아이가 내 손을 잡지 않고 찻길로 향해 갔다. 그리고 차에 타서는 운전 중에 뒤쪽 창문을 열어 밖으로 손을 내밀고 흔들며 장난을 치고 있었다. 나는 그 모습을 보고 걷잡을 수 없이 화가 났다. 그리고 차를 멈추고 아이에게 소리를 질렀다.
"너! 엄마가 말 잘 들으라고 했지!"
아이에게 목이 터지도록 소리를 지르고, 집에 오는 길에 신호등에 걸려 차가 멈출 때마다 뒷자리로 손을 뻗쳐 아이를 마구 때렸다. 아이는 내 어린 시절처럼 겁에 질린 채 손을 모아 싹싹 빌며 울었다. 그래도 나는 주체할 수 없는 화를 누르지 못했다. 아니 아이를 때릴수록 더 화가 났다. 더 세게 더 강하게 혼을 내야 아이가 내 말을 잘 들을 거라 생각하니 아이를 때리는 손에 더 힘이 들어갔다. 아이는 울면서 뒷자리에 바짝 붙어 잘못했다고 소리를 질렀다. 지나가는 사람들이 쳐다봤지만 나는 아랑곳하지 않았다. 누군가 나를 아는 사람이 그 모습을 봤다면 미쳤다고 했겠지만, 정말로 나는 다만 아이가 안전하길 바랐을 뿐이었다. 그게 내 진심이었다. 그런데 나는 나의 감정을 다스리지 못했고 아이가 내 말을 듣게 해야만 한다고 생각하고 있었다.

길을 가다 다섯 살 즈음의 아이만 보아도 가슴에서 뜨거운 기름덩어리가 올라오는 것 같은 괴로움을 느낀다. 내 사랑하는 아이, 세상 무엇과도 바꿀 수 없는 내 아이를 엄마인 내가 폭력성을 주체하지 못하고 때렸다는 죄책감이 나를 못 견디도록 괴롭게 만든다. 나는 그것을 알면서도 화가 나면 참을 수 없었고, 뭔가를 가르치겠다는 변명을 하며 그 방법이 최선이라 믿고 싶어 했다. 그래야 내가 덜 괴로웠으니까.

• • •

폭력성이란, 누군가를 신체적으로 때리거나 욕설을 하는 것 이상의 의미를 지닙니다. 그것은 자신의 모든 감정의 책임을 상대에게 두고 비난하는 것입니다. 화가 났을 때, 그 화의 원인이 상대에게 있다고 생각하며 내뱉는 말과 행동은 대부분이 폭력적일 수밖에 없습니다.

폭력은 눈으로 보이기도 하고 눈에 드러나지 않기도 합니다. 귀로 들을 수도 있고 듣지 못할 수도 있습니다. 하지만 그 내적인 움직임은 너무나 강해서 스스로가 온몸으로 느낄 수 있고, 상대에게도 고스란히 전달됩니다. 우리가 상대를 위한다고 말하면서 내뱉는 말이 상대에게 얼마나 큰 상처가 되었는지를 보면 폭력성의 내적인 힘을 확인할 수 있을 것입니다.

평화로운 의사소통, 평화로운 인간관계를 맺어가고 싶습니까? 그렇다면 우리가 해야 할 첫 번째 연습은 자신의 폭력성을 인식하고 받아들이며 변화하고자 하는 마음을 갖는 것입니다.

지금까지 자신의 폭력성에 대한 원인을 상대에게 두고 있었다면, 이제는 상대를 비난하기 전에 자신의 내면으로 들어가서 스스로의 폭력성부터 바라보아야 합니다.

우리는 모두 저마다의 성장 배경을 거쳐 지금 이 자리에 있습니다. 저는 개인적으로 폭력성을 의식하고 평화로운 사람이 되고자 했지만, 그것이 무척 어려웠음을 고백합니다. 많은 것들을 왜곡되게 학습했고, 그러면서 제 안에도 자연스럽게 폭력성이 심겨졌습니다. 제 머릿속에서 올라오는 습관적인 방식의 폭력을 가라앉히고, 마음에서 올라오는 너그러움으로 상대를 바라보고 대한다는 것이 너무나 어려웠습니다. 그렇게 되기까지는 굉장한 노력과 의지가 필요했고, 지금도 역시 그런 자각과 행동이 필요합니다. 충분한 사랑을 받고 자라서 자연스럽게 상대를 사랑할 수 있는 아이들과는 달리, 지속적인 폭력을 경험한 아이들은 학습되어 대물림되는 폭력을 알아차리고, 그 행동을 멈추고 자각하고 다시 구성하여 표현하려는 의식적인 노력이 필요합니다. 이것은 결코 쉬운 일이 아닙니다. 무의식은 의식보다 힘이 강하기 때문입니다. 우리는 무의식 속에 이미 폭력을 학습했고, 몸과 마음의 한 부분은 폭력에 길들여져 있습니다.

특히 어린 시절, 기나긴 세월을 깊은 상처 속에서 보내야 했던 사람들이 자신에게 폭력을 행사했던 부모님과 세상을 사랑과 자비로운 마음으로 대하기란 매우 어려운 일입니다. 그들의 마음에는 분노와 억울함 또 행복하기를 기대했던 유년 시절에 대한 상실감이 있습니다. 그 상실감은 실로 매우 크고 깊습니다. 우선 그 감정들이 공감 받는 것이 중요합니다. 적절한 보살핌과 따뜻한 사랑과 부드러운 말과 위로가 얼마나 필요했겠습니까? 그것이 충족되지 못했던 환경 속에서 얼마나 고통스럽고 좌절했고 무기력했고 분노했을까를 생각해 보며, 그 고통스러운 심정과 아픔에 대한 공감이 우선되어야 합니다.

이제 우리는 성인이 되었습니다. 우리가 겪었던 아픔이 치유되기도 전에 이미 부모가 되었을 수도 있고, 우리의 아이들이 세상에 나왔을 수도 있습니다. 평화로운 사람이 되고 싶은 마음에는 아마도 사랑하는 아이들이 있기 때문일지도 모릅니다. 사랑하는 아이들에게 폭력을 행사하고 깊은 후회와 자책의 밤을 보내봤다면, 이 말의 의미를 잘 알 수 있을 것입니다. 꼭 부모가 아니라도 마찬가지입니다. 아픔이 치유되기도 전에 누군가가 좋아지고, 그 사람에게 아픈 말과 행동을 뱉어버리고 나서 후회했던 날들을 생각하면 우리는 마음속에서 따뜻한 사람이 되고 싶다는 고백을 하게 됩니다.

우리가 아팠던 어린 시절에도 부모님이 웃어 주고 안아 주면 달려가 안겼습니다. 그 찰나의 따뜻했던 경험이 있다면, 아이들의 본성에 대해 알 수 있을 것입니다. 아이들의 본성 중 하나는 부모님을 기쁘게 해 주고 싶어 한다는 것입니다. 자신을 아프게 하는 부모를 미워하면서도, 본능적으로 사랑하고 싶어 하는 두 마음 사이에서의 혼란스러운 충돌은 정말로 깊은 아픔일 것입니다. 자녀들은 부모로부터 아픔을 느끼고 상처받은 것으로도 모자라서 부모를 사랑하지 못한다는 깊은 죄책감까지 경험하며 성장할 수도 있습니다.

우리가 받고자 했던 그 간절했던 사랑을 떠올려 봅니다. 따뜻하게 안아 주며 당신에게 미안하다는 말을 하고, 진정으로 당신의 고통을 이해해 줄 그런 사랑 말입니다. 소중한 내 자신을 생각하고, 내가 사랑하는 가까운 가족이나 친구들을 떠올려 본다면 이것은 폭력의 회전문에서 의식의 손잡이를 잡고 어서 나와야 할 충분한 이유가 될 것입니다.

습관적인 방식은 너무나 빨리 우리를 지배하기에, 그 자리에서 "멈춰!"라고 말할 수 있는 용기가 절실하게 필요합니다. 그 용기의 사용은 타인을 위해서가 아니라 우리 자신을 위해서라는 것을 기억해야 합니다.

지금 여러분이 폭력의 회전문에서 빙빙 돌고 있다면 이제 그 문에서 나오십시오. 우리가 행하는 폭력은 결코 어쩔 수 없는 행동이 아닙니다. 원치 않게 폭력성을 배우고 학습했지만, 그것을 행하는 것은 우리의 선택이었습니다. 폭력적인 방법으로는 결코 그 의도가 상대에게 전달되지 못합니다. 자신의 폭력성을 바라볼 수 있다는 것은 그것을 인정하고 겸손히 바라보는 것에서부터 출발합니다.

폭력도
선택이다

아이가 일곱 살이 되던 봄
날이었다. 나와 아들, 그리고 내 친구와 그녀의 여섯 살 난
아들은 함께 놀이공원에 갔다. 나는 누가 봐도 좋은 엄마였
다. 아니 좋은 엄마로 알려져 있었다. 뭔가 문제가 생기면 언
제나 우리가 먼저 사과했고, 아이가 종종 억울해 해도 나는
남들에게 좋은 사람으로 보이는 게 중요했기 때문에 아이의
입을 막고 무조건 사과를 시켰다. 따지거나 내 입장을 말하
면 상대가 불편할까 봐 먼저 배려했고, 그런 연유로 나는 내
아이의 억울함은 잘 보살피지 않았다.
그런 과정에서 아이가 마음에 들지 않게 행동할 때마다 아
이에게 했던 협박의 말이 있었다. "너 집에 가서 보자!" 이

말을 하면 아이는 그 순간만큼은 내 말을 잘 들었고 바짝 긴장하곤 했다. 그날 친구 아들은 놀이기구를 타기 위해 오래 기다려야 하는 줄 앞에서 칭얼거리기 시작했고, 자꾸 칭얼거리는 아이를 보며 친구는 슬슬 인상을 쓰기 시작했다. 그래도 아랑곳하지 않고 아이는 칭얼거렸다. 그 광경을 가만히 보던 아들이 동생 곁으로 다가가서 귀에 대고 작은 소리로 한 마디를 했다.

"너 자꾸 울면 너희 엄마가 집에 가서 본다!"

친구는 너무 크게 웃으며 나에게 들은 대로 따라 하는 거라고 놀렸다. 나도 그 순간에는 함께 웃고 넘겼지만, 집에 오는 길에 내가 아이에게 했던 말과 행동을 그대로 고스란히 따라하는 아이의 모습을 보고 두려워졌다. 비극이 되풀이되는 것을 끊기 위해선 지금이라도 뭔가 달라져야겠다고 생각했다. 그날이 바로 평화를 선택한 순간이 되었다.

• • •

언젠가 제가 한 친목 모임에 갔을 때, 어떤 사람의 말과 행동이 몹시 눈에 거슬렸습니다. 그러더니 그 다음부터는 그 사람이 하는 말과 행동이 다 못마땅하고 위선적으로 보였습니다. 이미 머릿속에선 '어떻게 하면 저 사람에게 자신이 얼마나 무능한지를 입증해 보여 줄 수 있을까? 그것도 내가 그럴 생각이 있음을 들키지 않으면서 말이야!'라고 생각하고 있었습니다. 뭔가 자각시켜 주기 위해서는 그 사람을 굴복시키고 무너뜨릴 필요가 있다고 생각했고, 그것이 어쩔 수 없는 유일한 방법이라 믿으면서 제 머릿속의 생각은 더 폭력적이 되어가고 있었습니다.

우리는 폭력을 행사할 수는 있겠지만, 그것은 어디까지나 자신이 선택한 행동입니다. 그리고 그 책임은 오로지 자신에게 있습니다. 이 사실을 명확히 알고 행동하는 것이 중요합니다. 사랑이라는 이름으로 폭력성을 사용할 때, 우리는 매우 혼란스러울 것이고 상대는 더 아플 수 있습니다. 폭력을 행사하는 것은 선택입니다. 그러나 그 선택에 사랑이라는 이름을 덧씌우지는 말아야 합니다. 누군가는 폭력이나 비난도 사랑이었다고 말하고 싶을지 모르나, 폭력과 사랑은 결코 공존할 수 없다는 게 제 생각입니다. 좀 더 정확히 말하자면 사랑이라는 마음이 있어도, 그것이 폭력적인 방식으로 표현된다면 어떻게 사랑의 마음이 온전히 상대에게 전달될 수 있겠습니까? 만일 그런 행동을 사랑이라는 이름으로 포장한다면, 진정한 사랑을 경험할 수 없을 것입니다.

얼마 전, 한 책에서 'Blow Back'(역풍 또는 역류라는 뜻으로, 강력한 군사력을 앞세운 한 국가의 외교정책이 뜻밖의 결과를 낳는다는 의미)라는 단어를 보고 깊은 생각에 잠겼습니다. 우리가 원하는 것을 이루기 위한 과정에서 폭력을 동원해 수단과 방법을 고려하지 않았을 때, 오히려 역으로 그 대가를 고스란히 지게 되는 경험을 직접적으로 또는 간접적으로 해왔기 때문에 저는 이 단어에 특히나 많은 관심이 갔습니다. 이는 개인적인 일상에서도 종종 경험할 수 있습니다. 폭력이라는 것은 거부하지 않는다면 삶의 모든 전반에 걸쳐 무의식중에 자리를 잡아 우리의 자유를 앗아가고, 선택권을 허락하지 않으며 인간으로서 누리고픈 평화로운 안전한 삶을 차단해 버리고 맙니다.

삶은 매 순간의 선택으로 이루어집니다. 우리가 행한 모든 것은 우리에게 돌아옵니다. 우리는 삶 속에서 어떤 역풍(blow back)을 맞게 될지 알 수 없습니다.

저는 우리가 언제나 연민과 사랑을 가질 수 있다고 믿습니다. 그러나 이와 동시에 언제든 폭력적인 방식으로 행동할 수 있는 불안한 정서와 두려움이 있기 때문에, 의식적으로 폭력을 거부하는 자세가 필요하다고 생각합니다. 그래야 마음에 내재되어 있는 연민과 사랑을 지켜줄 수 있습니다.

우리가 인식하지 못하는 일상의 행동들이 사실은 '폭력'이었다는 사실을 알아차리는 것이 폭력을 멈출 수 있는 가장 중요한 첫 번째 단계입니다.

기억을 더듬어 보기 바랍니다. 부모님 혹은 누군가의 행동으로 마음이 너무 아팠을 때, 여러분은 그들의 사랑을 느낄 수 있었습니까? 혹시 사랑받고 싶은 인간적인 본능으로 그것들을 사랑이라고 믿고 싶었던 것은 아닙니까? 우리가 원하는 것을 사랑의 방식이 아니라, 폭력적인 방식으로 상대의 뜻을 꺾음으로써 얻으려 한다면, 그 과정에서 서로의 상처받은 감정과 자존심의 다툼을 감내해야만 합니다. 평화는 이런 폭력의 결과가 무엇인가를 잘 알고 있을 때 힘을 얻을 수 있습니다.

폭력을 경험하고 스스로 좌절하고 무력감을 느끼며 슬퍼할 때, 그때가 평화로움을 추구할 수 있는 시기입니다. 학대를 당하고도 아무것도 할 수 없던 어린 시절을 기억하며 '건강한 방법으로 분노를 표출'할 때, 바로 그때가 폭력의 비극을 끊을 수 있는 때입니다. 누군가로부터 들은 비난의 말로 상처받고 눈물지을 때, 그때가 폭력을 거부할 수 있을 때입니다. 왜냐하면 그것이 얼마나 큰 고통인지를 이해할 수 있기 때문입니다. 그래서 누군가가 폭력적인 방식으로 행동하고자 할 때, 그때가 바로 평화로운 방식으로 되갚아 줄 수 있는 기회입니다. 폭력을 비폭력으로 대하는 것은 결코 바보 같고 어리석은 선택이 아닙니다.

나를 가로막는
두려움

　　　　　　　　　엄마와 헤어지고 불안해진
나는 엄마가 있을 땐 없었던 습관이 생겼다. 나도 모르게 자
고 나면 이불에 오줌을 싸놓았던 것이다. 오줌을 싸놓은 이
불을 보면 내가 얼마나 아빠에게 맞을지 알 수 있었다. 나는
잠이 들 때마다 무서웠다. 오늘은 제발 이불에 오줌을 싸지
않기를 기도했는데, 하나님은 내 기도를 들어주지 않으셨다.
다음 날이면 여지없이 오줌을 쌌고 나는 아빠에게 들키지 않
기 위해 살짝 이불을 개켜 놓곤 했다.
유독 오줌을 많이 싼 날 아침, 아빠가 그걸 보시고 말았다.
나는 재빨리 식탁 밑으로 몸을 숨겼다. 그리고 아빠는 짤막
한 나무빗자루를 들고 나를 찾아 다니셨다. 거친 욕설을 내

뱉고 빠른 발걸음으로 나를 찾는 아빠를 보며 아빠의 화가 풀리기를 기다리며 웅크리고 있었다. 아빠의 성난 걸음이 멈추고 식탁 밑으로 아빠의 얼굴이 드러났을 때, 나는 심장이 굳어버리는 줄로만 알았다. 손을 모으고 싹싹 빌면서 마구 울었다. 제발 용서해 달라고, 잘못했다고. 하지만 의도치 않게 나도 모르게 오줌을 싸게 되는 것을 나는 어떤 방법으로도 막을 수가 없었다.

그날은 무척 많이 맞았다. 아빠는 결국 나를 벽에 던졌고 순간 나는 기절했다. 이마가 퉁퉁 부어올랐지만 아프다는 말을 할 수가 없었다. 아빠는 나를 팬티만 입혀서 2층 베란다에 세워 놓았다. 앞집에 살던 친구가 나를 보고 놀렸다. 엄마도 없고 오줌도 쌌다고 놀렸지만 나는 수치심을 느낄 여유도 없었던 것 같다. 왜냐하면 언제 또 맞을지 모른다는 두려움이 너무나 컸기 때문이다. 너무 두려우면 수치심을 느낄 여유가 없다는 것을, 나는 어린 나이에 깨달았다.

그러나 시간이 지나면서 그 두려움으로 인해 내가 무엇을 잃어버렸는가를 알게 되었다. 나는 사랑받고 싶었던 대상으로부터 아픔을 경험하면서 내가 세상에 태어난 이유와 존재 가치를 상실해 버렸다.

• • •

우리는 어쩌면 두려움으로 인해 아무것도 할 수 없는 시절을 보냈을지 모릅니다.

두려움 앞에서는
누구나 솔직한 마음을
표현하기가 어렵습니다.
진실을 알아보기도 어렵고,
진실이 무엇인지
알고 싶은 마음을 발견하는 것도
어렵습니다.

그래서 무력해지고 정말 중요한 것을 놓치게 됩니다. 아프고 두려 웠던 지난날을 돌아보면, 우리는 왜 세상에 왔는지 이해할 수 없어 세 상을 원망했을 것입니다. 부모로부터 사랑받지 못했다고 생각하면서, 우리의 존재 가치와 고귀함을 상실합니다. 그래서 중요한 진실을 바라 보지 못하고 살아가기도 합니다. 그러나 분명한 것은 우리는 스스로가 포기하지 않는 한 그 누구로부터도 버려질 수 없는 존재입니다.

때로 우리 부모님은 그들의 고통을 스스로 해결하지 못했고, 지혜 롭게 해결할 방법을 알지 못했기 때문에, 자신의 모든 고통을 상대를 원망하거나 사회를 탓하며 토해냈습니다. 그리고 우리는 그 상황을 항상 함께 겪어야 했습니다. 우리는 너무나 어렸기에 그분들의 무의식적인 말 한마디에 모든 자존감을 내어 주기도 하고 두려워했습니다. 그분들이 홧김에 한 말에 우리의 가치를 결정짓기도 하고, 그분들의 거친 행동에 우리의 생존을 내어 맡기기도 했습니다.

버림받은 인생이라는 확신은 아무에게도 사랑받지 못할 거라는 두려움이 절대적입니다. 누군가와 관계를 맺을 때마다 상대에게 마음을 활짝 열지 못하게 됩니다. 마음을 열어 사랑하면 결국은 버림받고 상처받을 거라는 두려움이 한쪽 마음을 언제나 닫게 했고, 한쪽 발은 빼게 하는 것입니다. 상대가 우리가 원하는 방식으로 해 줘야만 안심했고, 그렇지 않을 땐 불안과 두려움에 휩싸여 상대에게 모든 책임을 돌리곤 했습니다. 때로는 버림받을까 봐 우리의 모든 노력을 상대에게 쏟아 붓다가 버림받을 것 같은 두려움이 강해지면 상대와 극도의 단절을 하며 관계를 끊기도 합니다. 우리의 왜곡된 틀에 상대를 가둬 놓고 그가 하는 말과 행동을 우리의 기준으로만 해석하고 이해하려 했다면, 이런 관계에서는 오해가 필연적일 수밖에 없으며 갈등이 평화롭게 해결될 수가 없습니다.

버림받았다는 생각은 그 중심이 잘못된 생각입니다. 우리의 중심은 부모님이 아니라 우리를 세상에 보내기로 결정한 하늘에 있습니다. 부모님이 아무리 우리를 사랑하셔도 우리의 죽음까지 결정하지는 못합니다. 부모님이 우리를 간절히 원한다 해도 부모님 뜻대로 탄생 방법과 그 시기를 결정하지는 못합니다. 삶과 죽음을 결정짓는 신적 존재가 우리의 중심이며, 그것은 전적으로 인간의 능력 너머에 있다는 사실을 기억해야 합니다. 신은 우리를 세상에 보낼 때 가장 맑고 아름답고 향기로운 존재로 보내셨습니다. 아기들을 보면 무슨 말인지 알 수 있을 것입니다. 다시 말해 우리의 중심은 부모님께 있는 것이 아니라 신의 영역에 있습니다. 우리의 중심을 신의 거룩함에 둔다면 우리의 영혼은 죽는 날까지 아기와 같을 수 있습니다.

두려움의 또 다른 이름,
무기력

　　　　　　　　　그날은 백일장과 사생대회
가 열린 날이었다. 원고지 한 묶음과 지우개, 그리고 전날 밤
에 정성껏 깎아 온 몇 개의 연필을 들고 조용한 언덕에 올라
가서 글을 쓰기 시작했다. 가을에 어울리는 낙엽이 떨어지는
곳에 자리를 잡고 앉아서 점심도 간단히 김밥으로 때우고 글
을 쓰느라, 시간이 얼마나 지났는지도 몰랐다. 그 순간 나는
글을 쓰는 재미에 푹 빠져 있었다. 일기나 메모로 마음을 적
어내려 갈 때마다 내면에 있는 표현의 욕구가 충족되는 듯한
쾌감을 느꼈다. 그 안에선 어느 누구도 자신을 판단하지 않
았고 언제든 자유로운 삶의 주인이었다.
시간이 흘러 어느덧 원고를 제출할 시간이 되었는데 갑자기

망설여졌다. 이걸 내야 할지 말아야 할지 고민에 빠졌다. 왜냐하면 내 글이 너무나 좋았지만, 이것을 제출하면 대회이기 때문에 반드시 평가를 받아야 한다는 사실을 알아차렸기 때문이었다. 알 수 없는 두려움에 떨며 고민하고 있을 때, 한 친구가 다가왔다.

"너 글 다 썼어? 나 하나도 안 썼는데 큰일이다. 빨리 써야지!"

나는 친구에게 떠넘기듯 원고를 주고 나서, 다시 자리를 잡았다. 그리고는 10분 만에 성의 없는 시를 하나 뚝딱 써서 제출했다. 잠시 동안 생각을 쥐어짜내서 쓴 아무 정성이 없는 글을 내는 데에는 한 치의 망설임이 없었다. 그리고 이 시를 보고 선생님이 실망하시더라도, 그것이 열정을 다해 쓴 글을 보고 실망하시는 것보다는 낫다고 생각했다. 나 자신을 합리화할 수 있는 무언가가 필요했고, 스스로 인정받기보다는 실망스러운 사람이 더 어울린다고 믿었기 때문이다. 그리고 여러 날이 지났다.

몇 주가 지나고 전교생이 운동장에 모여 월요일 조회 시간을 가졌다. 이런 저런 수상 시간이 진행되고 있었고 나는 여느 날과 마찬가지로 운동장의 흙을 신발로 긁으며 지겨운 시간을 보내고 있었다. 갑자기 교장선생님께서 백일장 최우수상으로 친구의 이름을 호명하셨다. 순간 발장난을 멈추었고 심장은 요동치기 시작했다. 순간 억울함인지 슬픔인지 모를 눈물이 흘러내렸다. 그리고 집에 와서 밤새 울었다. 정말 바보 같았던 자신을 다시 확인하며 스스로를 더욱 고립시켰다.

• • •

당신이 새로운 시작과 신선한 변화로 나아가는 것을 가로막는 사람은 누구입니까? 겉으로 볼 때는 매우 자신감이 넘쳐 보이는 사람이 스스로에게는 종종 이렇게 말합니다. '난 실제로 보잘것없는데 사람들에게 이런 내 모습을 들키면 어쩌지?', '나의 진짜 모습을 보면 실망할 거야.' 스스로의 능력이나 열정 그리고 가장 중요한 의도에 대한 진정성을 의심하기 시작하면 우리의 자존감은 무척 아파합니다. 그러면 모든 행동과 말 그리고 스스로의 생각들조차 확신을 가질 수 없게 되고 무력감을 느끼게 됩니다. 그때 우리는 빈 집에 혼자 있거나 사람들이 없는 곳을 찾게 됩니다. 아이러니하게도 우리의 마음은 누군가 내 마음을 들어주길 바라지만 아무도 없는 방에서 그 생각을 할 뿐입니다. 그런 자신의 모습을 거울로 볼 때면 그 생각은 더욱 확실해집니다. 이제 나는 정말 보잘것없는 존재이며 살아갈 가치를 찾지 못하는 무의미한 존재입니다. 이런 생각은 또 다시 깊은 우울로 우리를 초대하며 거부하기 어렵게 만듭니다. 왜냐하면 우리 자신이 이미 그곳에 대한 확신을 가졌다고 생각하기 때문입니다.

　우울과 함께 낮아진 자존감은 삶에 문을 열고 들어와 '자기수용'

을 문밖으로 '잠시' 내다 놓습니다. '자기수용'이 없어지는 삶이란, 곧 타인의 판단에 집중하는 삶을 의미합니다. 이제 우리 안의 간절한 바람이나 자유로운 선택은 머물 곳이 없습니다. 이런 삶이 어떻게 행복할 수 있겠습니까? 이런 삶이 행복할 수 있는 방법은 아마 어디에서도 찾을 수 없을 것입니다.

우리가 성장하고자 새로운 변화를 시도할 때, 우리를 가로막는 사람은 "좀 더 고민해 봐!"라고 말하는 상대가 아니라 바로 '우리 자신'입니다.

어떤 일을 시작하려는 출발선 앞에 서게 되었을 때, 망설이고 걱정하는데 사용했던 부정적인 힘을 긍정적인 방향으로 바꾸어 사용하기를 바랍니다. 하고는 싶으나 자신이 없을 때 '두려움에도 불구하고 내가 하고 싶은 이유는 무엇인가?'를 찾아 그것에만 힘을 실어 보는 것입니다. 그 마음 안에는 살아 숨 쉬는 생명력이 넘치고, 간절히 원하고 있는 또 하나의 무언가가 넘실거리고 있습니다. 우리는 그것을 '욕구'(need)라고 부릅니다. '나는 성장하고 싶어. 나는 배우고 싶어. 그래서 지금보다 더 많은 것을 알고 싶고 성취하고 싶어. 보람을 느끼고 싶고 나도 할 수 있음을 스스로 확인하고 싶어.'라고 우리에게 말하며 살아 숨 쉬어야 합니다.

외부로부터 인정받지 못할까 봐 염려하고, 과거의 실패로부터 헤어 나오지 못해서 좌절하고, 늦었다는 생각으로 현실에 눌러 앉아 안주하려고 하는 모습만을 바라보고 있으면, 우리는 살아 있는 우리 내부의 힘을 발견하지 못합니다.

아이가 초등학교 1학년 때, 학부모참관 수업을 갔던 날이 기억납니다. 선생님의 질문에 손을 높이 들어 발표하려는 아이의 모습을 보며, 제 아이가 용기 있게 손을 드는 그 행동 자체에서 큰 기쁨을 얻었습니다. 부모라면 우리 아이가 가만히 앉아 있는 모습이 가장 안타까울 것입니다. 답이 틀리더라도 아이가 손을 번쩍 들고 발표하기를 바랍니다. 용기 있게 큰 소리로 대답해 주기를 바랍니다. 그것은 그 과정 자체가 의미 있음을 알고 있고, 그 실패의 과정을 통해 성장할 수 있음을 확신하기 때문입니다.

틀리더라도 실패하더라도 귀에 팔을 딱 붙이고 "저요!"라고 손을 들고 말할 수 있는 용기, 그 대답이 틀렸다 해도 "괜찮아. 틀릴 수도 있지."라고 웃으며 대응할 수 있는 여유, 그리고 다음에 또 그런 기회가 왔을 때 다시 팔을 들어 올릴 수 있는 도전 정신, 타인의 평가가 아닌 자기의 내면의 욕구에 귀 기울이는 자세. 그것이 아이들에게 바라는 모습이 아닙니까? 우리의 삶도 그렇습니다.

우리의 삶은 타인이 어떻게 바라보는지에 따라 결정되는 것이 아닙니다. 그리고 우리가 무엇을 원하는지에 집중할 때 아름답게 빛납니다. 나의 내면이 간절히 원하는 것을 위해 한발씩, 더디더라도 용기 있게 나아가는 그 마음이 중요합니다. 손을 들지 못하고 축 처진 아이, 엄마와 아빠가 자기에게 실망했을까 봐 눈치를 보는 그 아이는 우리의 모습이기도 합니다. 우리의 내면에 웅크리고 있는 그 아이에게 이야기해 주기 바랍니다.

"자, 나를 봐. 살면서 모든 것을 잘할 수는 없지. 그리고 네가 아무리 실패해도 너를 사랑하는 마음은 변함이 없어. 나는 너의 결과보다는 과정에 가치를 두고 있으니까. 무엇보다 그 과정에서 네가 행복하다면 그것을 지지할 거란다."

이렇듯 우리는 '시도'라는 그 자체의 아름다움을 잘 알고 있습니다. 우리를 가로막고 있는 두려움은 무엇입니까? 지금 실패라는 두려움에 사로잡혀 있습니까? 도전하고 싶은 설렘을 사로잡고 있습니까? '답에 확신이 있든 없든 손을 번쩍 번쩍 들어 올리는 용감한 아이'가 우리 안에서 기다리고 있습니다. 그것은 정말 아름다운 도전이 될 것입니다.

무기력함은 어떤 일을 하는 과정에서 뜻대로 되지 않을 때 느끼게 되는 자연스러운 감정입니다. 무기력함 뒤에는 무언가를 정말 잘하고 싶은 간절한 바람이 있습니다. 그러나 아무것도 할 수 없을 것이라고 여기는 무능력함은 내 생각이 만들어 낸 비극적인 해석입니다.

무기력함과 무능력함을 구별해야 합니다. 그동안 스스로에 대해 아무것도 못하는 사람, 아무것도 할 가치가 없는 사람이라 믿어왔을 수도 있습니다. 그러나 우리는 아무것도 못하는 존재가 아닙니다. 어떤 것을 선택할 수 있는 힘이 있는 존재이며, 아무것도 하지 않는다 해도 너무나 소중한 존재입니다.

사랑이란
이름의 폭력

• • •

나를 사랑한다면 나를 파악해 보세요. 내가 뭘 좋아하는지, 내가 뭘 싫어하는지, 내가 언제 함께하고 싶어 하는지, 내가 언제 혼자 있고 싶어하는지도. 나를 사랑한다면 당신이 그것을 알아주는게 매우 당연한 일이라고 생각했지요. 저는 그것이 사랑이라고 생각했답니다. 당신이 지쳐가고, 내가 지쳐가고 우리가 서로를 원망하며 지내기 시작한 그 순간에도 나는 원망의 끈을 부여잡고 이 모든 갈등의 원인은 당신 탓이라 여기면서 당신에게 비난의 말을 퍼부었지요.

'네가 내 마음을 이렇게 몰라줘?'

'내가 꼭 이런 마음을 표현해야만 알아?'

'나를 사랑한다면서 이 정도밖에 못해?'

사랑을 하면 서로가 원하는 것을 말하지 않아도 상대가 스스로 알아서 뭔가를 해 줄 수 있는 그런 초능력이 생긴다고 생각했습니다. 사랑에 미숙했던 저는 사랑이란 그런 것이라고 착각해 왔습니다. 그러나 사랑은 말하지 않아도 알아주는 것이 아닙니다. 상대가 모든 것을 포기하고 나에게 그를 온전히 내어 맡기는 것이 아닙니다.

사랑은 자유입니다. 어느 시의 구절에 나왔듯 하늘에 속해 있으되 자유롭게 날아다니는 새처럼, 바다에 속해 있으되 자유롭게 헤엄쳐 다니는 물고기처럼 사랑은 자유입니다.

사랑이란, 상대의 영적인 성장과 우리 자신의 풍부한 자아를 위해 서로가 기꺼이 상대에게 기여하는 기쁨을 나누는 것. 서로가 구체적인 부탁으로 연결을 공고히 하며 그렇게 자유롭고도 함께할 수 있는 개인의 온전성의 합(合)이었습니다. 사랑이란, 그래서 언제나 성스럽고 아름다운 축복인 것입니다.

사랑이라는 이름으로 아름답게 시작한 많은 관계들이 사랑이라는 이름으로 서로를 구속하고 희생을 강요한다면, 그것은 더 이상 사랑이라 할 수 없습니다. 우리는 사랑이라는 이름으로 많은 역할과 권한을 주고, 그 역할에 맞는 행동을 기대합니다. 그리고 그 행동은 개인적인 틀에서 옳고 그른 방식으로 평가되어 상대에게 강요합니다. 언제나 조건은 '네가 나를 사랑한다면 이 정도는….'이 됩니다. 우리는 사랑하는 상대가 의무감으로 행동하게 하는 모든 것을 '폭력'이라고 받아들이기까지가 무척 어렵습니다. 스스로의 폭력성을 받아들이는 순간이, 무언가 부족하고 잘못된 사람이라는 것을 인정하는 것이 되기 때문입니다.

스스로 괜찮은 사람이고 싶을 때마다 슬픈 감정을 상대에게 떠넘기며, 사랑한다면 이 정도는 책임져야 한다고 말합니다. 그럴 때 상대의 마음은 멀어지게 됩니다. 그러나 사랑은 누군가를 아프게 하며 이루는 것이 아닙니다. 사랑은 대다수의 이익을 위해 존재하는 것도 아닙니다. 99마리의 양을 두고 잃어버린 한 마리의 양을 찾아나서는 예수님의 사랑처럼, 그 한 마리를 찾음으로써 그 양을 사랑하는 모습을 보며 기다린 99마리 양들의 마음에 사랑의 진정한 가치를 심어 주는 것이 바로 사랑입니다.

사랑은 결코 폭력적인 방식으로 누군가의 희생이나 눈물을 뒤로하고 얻어내지 않습니다. 저는 어린 시절, 사랑은 때로 폭력을 행사해서라도 이루는 것이라 믿었습니다. 내 안의 폭력을 정당화하고 폭력의 원인을 상대의 행동에 두었습니다. 그렇게 했을 때는 잠시 책임지지 않아도 된다는 생각에 안도감도 느꼈습니다. 그러나 다음번에는 더 큰 폭력을 행사해야만 상대가 변했습니다. 저는 폭력이 얼마나 비극적인 결과를 갖고 오는지를 알면서도 멈추지 못했습니다. 사랑과 폭력을 구별하는 능력은 사랑이 기반이 되는 소통에서 가장 중요한 요소입니다.

사랑은 진실할 때에 그 빛을 발하고 소통은 그 빛 속에서 이루어집니다.

용기는 수치심을
녹인다

"그 시간이 나에겐 큰 고통이었어요. 나는 원치 않았고 나를 지킬 힘이 없었죠. 당신은 나에게 묻지도 않고 동의도 구하지 않고 나를 만졌고, 당신의 필요를 채우기 위해 나를 희생시켰어요. 나는 당신과의 기억 때문에 오랫동안 세상을 제대로 바라볼 수 없었습니다. 사랑하는 사람과의 관계에도 두려움과 수치심이 함께했죠. 나는 사랑받지 못할 거라 생각하며 오랜 세월을 살아왔습니다. 나는 진정으로 내가 원하는 것을 스스로 선택하고 싶었고, 내가 안전하기를 바랐어요. 그리고 당신이 내 몸을 만졌어도 내 자신이 매우 사랑스럽고 아름다운 존재임이 변치 않을 것이라는 확신이 필요했어요. 무엇보다, 정말 무엇보다 내가 얼마나 사랑스러울 수 있는지 나 스스로 깨닫고 싶었답니다. 나는 정말 당신이 미웠지만 내 삶에 더 이상 미움의 자리조차도 당신에게 내어 주지 않겠습니다. 이제 그만 내 삶에서 나가 주세요."

• • •

솔직하게 표현한다는 것은 삶의 모든 스토리를 일일이 다 고백하는 것이 아닙니다. 건강한 소통의 전제는 솔직한 자기표현이지만, 그렇다고 누구에게나 모든 것을 낱낱이 드러내라는 말은 결코 아닙니다. 우리 모두에게는 소중하게 보호할 것이 있고, 또한 은밀히 기억하고 싶은 일들이 있습니다.

그러나 만일 누군가에게 나에 대해서 말하고자 할 때 '저 사람이 나를 이상하게 생각할 거야.', '저 사람이 나를 문제 있다고 볼 거야.'라는 생각으로 주저한다면 그것은 선택이 아니라 수치심입니다. 그런 수치심으로 형성된 사고들은 상대와의 진실한 소통을 가로막는 엄청난 벽이 되고, 그것은 무의식 중에 자리 잡아, 우리가 의식하지도 못한 짧은 순간에 '욱'하며 격렬하게 반응하게 만듭니다.

어린 시절에 겪은 성적인 폭력은 많은 경우, 그 당시에는 그것이 무엇인지 모르고 성장합니다. 그러나 당시에는 그것이 무엇인지 몰랐다고 해도 우리 몸은 아주 커다란 공포였다는 것을 기억하고 있습니다. 또한 무의식 속에 남아서 '언젠가 내가 너의 삶에 계속 나타날 거야. 너는 알지 못하겠지만 네가 데이트를 하거나 영화를 보거나 혹은 네가 친구를 만나고 이성을 바라보기만 해도 말이야!'라고 말하기도 합니다.

만일 누군가에게 그런 일을 당했다면 아마도 이 부분을 잘 이해할 것입니다. 짧은 기억이, 때론 몇 년간의 기억이 얼마나 오랫동안 큰 영향을 주었는지 말입니다. 어쩌면 이미 지난 일이고, 가슴 아픈 사건이기에 그냥 덮어두고자 할 수 있습니다. 이미 끝난 일을 이제 와서 다시 꺼내면 더 아플거라 생각할지도 모릅니다. 또한 이제와 이야기를 한들 뭐가 달라질지 확신하지 못할 수도 있고, 혹은 용기 내어 이야기 했을 때 가족들은 조용히 입을 다물라고 경고할지도 모릅니다. 말을 하고 나서 가족을 비롯한 주위 사람들에게 사랑받지 못할까 봐 두려워서 입을 다물고 있는지도 모릅니다.

그러나 그 아픔을 제대로 바라보지 못한다면 그것은 평생 우리를 따라다니며 전반적인 일상생활에 영향을 줄 것입니다. 가장 사랑하는 사람과의 데이트에서나 결혼을 하고 아이를 낳았을 때, 매우 큰 두려움을 갖게 될 수도 있습니다. 가장 심각한 것은 우리가 스스로를 중요치 않게 여길 수 있다는 것과 왜곡된 성에 대한 이미지를 지닌 채 살아갈 수 있다는 것입니다. 성은 매우 중요한 소통 방식 중 하나입니다. 성을 통해 사랑을 경험하고 대화를 나누며 특별한 나눔과 소통을 주고받게 되기 때문입니다. 수치심을 해결하는 방법은 회피가 아니라 직면하는 것입니다. 그 허상의 문을 열고 나가는 것입니다.

만일 이런 경험이 있다면 결코 그 '행동의 책임'이 자신에게 있지 않음을 말해 주어야 합니다. 그것은 상대가 욕구를 충족하기 위해 아무 힘도 없는 우리를 사용한 것입니다. 상대가 매우 폭력적인 방법으로 자신의 욕구를 충족시키려고 했던 것뿐입니다. 지금까지 아무 말도 못하고 가슴을 쥐고 살아왔다면 그것이 얼마나 큰 고통이었는지 스스로 이해해 주고 다독여 주어야 합니다. 아마도 우리는 그 아픔을 감당하기 위해 울고 싶어도 참았을 것이고 불안하면서도 아무렇지 않은 척 웃으며 살아왔을지 모릅니다.

괜찮습니다. 그 모든 행동은 우리가 견디기 위해 했던 최선의 방법이라 생각했기 때문에 정말 괜찮습니다. 살아남는 것이 무엇보다 중요했기에 최선을 다해서 자신을 보호했을 뿐입니다. 상대의 행동으로 인해 이미 충분히 아팠습니다. 이제는 비극적인 해석으로부터 자신을 보호해 주기를 바랍니다. 이제는 그 아픔을 볼 수 있기를 바랍니다. 그 행동은 우리의 책임이 아닙니다. 다만 지금까지도 괴롭다면 그래서 죽고 싶을 만큼 힘들다면 그 느낌의 책임은 우리에게 있습니다. 과거의 그 아픔을 여전히 수치심으로 해석하고 있는 우리의 생각이 바로 그 책임인 것입니다. 털어버리라고 말하기에는 너무나 큰 고통입니다. 과거는 지났으니 이제 행복해지라는 말도 불가능한 조언으로 느껴질지 모릅니다. 지금 이렇게 살아 있어 주는 것이 감사할 뿐입니다. 살아 주고 견뎌 주어 고맙다는 말 뿐입니다. 그 손을 잡고 서로의 눈을 보고 말해 주고 싶습니다. 힘든 시간을 견뎌 왔으니 그것이 어떤 방식의 선택이었고 행동이었든 참 잘 지내온 것입니다.

솔직하게 말할 수 있다는 것, 진실을 말할 수 있다는 것은 축복입니다. 아픔을 고백할 수 있고 도움을 요청할 수 있다는 것은 진정한 용기입니다. 누군가가 그 아픔 앞에서 비난하고 평가한다면 그 사람이야말로 정말 가엾은 사람이 아닐 수 없습니다. 아픔을 품고 있는 것만으로도 부족해서 다른 이의 평가에 자신의 아픔을 키우고 있지는 않습니까? 다른 사람들의 평가나 비난은 그들의 생각일 뿐, 그들의 평가에 우리 삶을 한 조각도 내어 주지 않기를 바랍니다. 그런 의식적인 결단은 우리를 진실로 안내할 것입니다.

아픔을 고백한 후에 고통이 회복되는 경험은 그 사람이 진실을 말하며 세상으로 걸어 나갈 수 있게 하는 초석이 됩니다. 만일 어린 시절에 그런 도움이 없었다면 그것은 매우 슬프고 안타까운 일이지만, 이제라도 우리가 도울 수 있습니다. 우리 안에는 그 당시의 무력한 소년, 소녀가 있겠지만 또 하나의 우리, 이미 성인으로 자라난 우리도 있기 때문입니다. 어린 시절의 이런 경험으로 힘들어하며 지금 눈물을 짓고 있는 누군가가 있다면 함께 마주하지 못해도 이 글을 통해 사랑을 보냅니다.

세상을 향해 외쳐봅니다. 만일 우리가 함께 있다면 저는 당신의 손을 꼭 잡고 말할 것입니다.

"나는 세상에서 꼭 필요한 사람입니다."
"누군가에게 훼손되는 존재가 아닙니다."

"아픔을 말하는 것은 수치가 아니라 용기입니다."

수치스러움이 진실을 표현하는 용기를 가로막고 있게 되면, 우리를 행복한 척, 멀쩡한 척, 자신감 있는 척하게 만들어 버립니다. 여전히 내면을 고백한다는 것은 두려운 일일 수 있습니다. 그러나 자신에게는 고백할 수 있습니다. 솔직할 필요가 있습니다. 고백을 통한 자유로움, 그 아름다운 평화로 자신을 초대하기 바랍니다. 우리가 비극적으로 해석하던 이야기를 스스로 끝낼 때, 진정한 삶이 시작될 것입니다. 기억하십시오. 수십 번 수백 번의 아픔이었다 해도 당신은 너무나 고결하고 아름답다는 것을.

내 책임이
아니야!

초등학교 5학년 때, 같은 반이었던 한 여자아이는 유난히 나를 미워했다. 너무나 예쁜 얼굴에 찰랑거리던 단발머리에 나도 어릴 때 엄마가 가르쳐 줬던 피아노를 제법 잘 쳤던 것으로 기억나는 그 아이는 틈만 나면 나를 놀렸다.

"너 엄마 없지? 새엄마라서 너 전학올 때 딸 이름 부르지 않고 '애!'라고 한 거구나? 어쩐지 이상했어."

나는 아무 말을 못하고 가만히 있었다. 이미 위축되고 자기 존재 자체에 대한 가치를 부인하게 된 소녀에겐 당연한 반응이었는지 모른다. 그때 담임선생님이 이 대화를 우연히 듣고 그 친구를 야단치시며 말씀하셨다.

"왜 엄마가 없니? 따로 살고 있을 뿐이지, 엄마는 누구나 다 있다. 그러니까 너희들이 태어날 수 있었던 거지. 그리고 부모님이 이혼하신 건 어른들의 잘못이지, 너희들의 잘못이 절대 아니야."

부모님이 이혼하시고, 처음으로 누군가에게 내 상처에 대한 사과를 받았다. '내가 더 잘했으면 우리 부모님이 헤어지지 않았을까?' 마음속 깊은 죄책감이 사라지던 그날. 부모님의 이혼으로 인해 빚어지는 일들에 대해 누군가로부터 사과를 받았던 그날. 나는 위로받는 것이 무엇인지를 경험했다. 나는 힘없이 주저앉아 운동장에서 울었지만, 내 발걸음은 어느새 조금 가벼워져 있었다.

• • •

어쩔 수 없는 일이었다고 말하면서 행했던 일들이 결국 우리의 선택이었음을 분명히 알아야 합니다. 그것을 의식하고 살아간다는 것은 성숙한 자세이며, 그렇게 살아갈 수 있을 때 세상은 좀 더 평화롭고 안전할 것입니다. 하지만 어떤 일들은 우리의 책임이 아닌데도, 우리가 그 모든 책임을 지려고 해서 비극적인 관계가 만들어지기도 합니다. 이렇게 살아간다면 삶이 위축될 수밖에 없고 죄책감으로부터 벗어날 수 없게 됩니다.

상대의 행동에 대해 책임지려는 모습은 '내가 좀 더 잘했으면 괜찮았을 거야. 내 잘못이야.'라는 생각으로 먼저 다가옵니다. 가족의 교통사고도 자신의 책임이라 생각하고 지인의 아픔도 자기가 더 잘했으면 아프지 않았을 거라 생각합니다. 그러나 스스로 한 행동에 책임을 지는 것만큼, 상대도 상대의 행동에 책임질 수 있도록 돕는 것이 중요합니다. 부모로서 아이의 잘못에 책임을 느끼는 것은 필요하지만, 이로 인해 자신이 양육이 잘못되었다고 생각하며 죄책감을 가지는 것은 다릅니다. 부하 직원의 실수에 상사로서 책임을 나누는 것은 중요하지만, 내가 무능하기 때문에 더 잘했어야 한다고 생각하는 것은 다릅니다.

우리는 상대가 소중할수록 상대의 행동이나 감정에 대해 책임 떠맡기를 즐겨하고, 그런 의무감에 얽매인 채 행동합니다. 상대를 행복하게 해 주기 위해 기쁜 마음으로 하는 것이 아니라, 결과에 따른 모든 책임을 떠안고 힘겹게 울며 걸어갑니다. 이렇게 살면 결코 자율적이고 동등한 소통관계를 형성할 수 없습니다. 만일 지금 소중한 사람과의 관계 속에서 역할과 책임에 얽매여 있다면, 그것은 사랑이 아니라 속박입니다. 속박에서는 건강한 소통을 해나갈 수 없습니다. 그곳에서 벗어나 상대를 동등하게 바라보고, 상대의 행위에 대해 그가 책임질 수 있도록 돕는 것이 솔직한 인간관계를 맺어가는 주춧돌이 됩니다.

죄책감 속에는 상대에게 정말로 좋은 것을 주고 싶은 내 아름다운 마음이 숨어 있습니다. 상대의 삶에 정말로 기여하고 싶은, 그래서 그의 삶을 충만하게 해 주고 싶은 마음은 더욱 건강한 행동으로 나타나야 합니다. 죄책감에 사로잡힐 것이 아니라, 죄책감 너머에 있는 그 아름다운 마음에 집중해야 합니다. 우리가 상대를 그만큼 사랑하고 있기 때문입니다.

정말로 좋은 것을 주고 싶고 행복하기를 바라기 때문입니다. 그렇지만 그 마음과 책임을 혼동해서는 안 됩니다. 그런 마음을 갖고 있고 그대로 행하되, 결코 상대가 느낄 그 감정까지 책임져서는 안 됩니다. 이것을 의식하고 있으면 죄책감 너머에서 기다리고 있는 진정한 사랑을 만나게 될 것입니다.

우리는 너무 많은 죄책감에 시달리며 살았습니다. 이 죄책감을 내려놓아야만 진정한 행복을 경험할 수 있습니다. 자유롭다는 것은 내 마음대로 하는 것이 아니라, 온전히 내 행위에 대한 책임을 지고 상대의 감정으로부터 독립하는 것입니다.

나를
보잘 것 없게 만들다

어릴 때 바라본 '나의 세상'은 참 불공평했다. 중학생 때였는데, 그날은 내가 주번이었다. 나가기 바로 직전에 교실문을 잠근 사람은 나였다. 몇 시간이 지나 같은 반의 한 친구는 자신의 스위스제 등산용 칼이 없어졌다며 나에게 어떻게 된 거냐고 따졌다. 나는 억울했다. 그 친구는 다짜고짜 내 가방을 털었고 툭툭 떨어지는 낡은 나의 필기도구를 보며 놀려댔다. 부잣집 아이였던 그 아이와 내 상황은 매우 달랐으니까. 나는 창피하고 억울했지만 참았다.

그 다음 시간에 그 비싼 스위스제 칼은 그 친구의 가방에서 나왔고, 나는 그 친구가 내게 사과할 거라 생각했지만, 그 친구는 오히려 내게 와서 따지기 시작했다. 들킬 것 같아서 다시 자신의 가방에 넣어놓은 거 같다면서. 난 더 이상 참을 수 없어서 그 친구를 밀어버렸고 친구가 넘어지며 울었을 때, 담임선생님께서는 내게 오셔서 그 친구에게 사과하라고 야단을 쳤고 난 죽고 싶었다. 너무나 억울하고 분했다. 그런 사람들과 함께 살아갈 이 세상은 희망 따위는 존재하지 않는 곳 같았다. 그리고 살아가면서 그런 사람은 너무나 많다는 걸 알게 되었다.

나는 세상은 불공평하며 신 따위는 존재하지 않는다고 믿었다. 만약 하나님이 있다면 그분께 달려가 소리쳐 따지고 싶었다. 내가 도대체 무슨 잘못을 했기에 나에게 이런 아픔을 주시는 것이냐고. 내가 저지른 잘못도 아닌데 왜 내가 그 고통의 피해자가 되었어야 했냐고. 그러면서도 나는 마음 한편에서 간절히 신을 찾고 있었음을 인정할 수밖에 없었다.

• • •

우리는 살아가면서 종종 억울한 순간들을 경험합니다. 억울한 사람들의 이야기도 자주 듣게 됩니다. 그들이 말을 할 때 그들의 눈을 보고, 목소리를 듣고, 행동을 보면 그들이 얼마나 감정적으로 격앙되어 있는가를 알 수 있습니다. 목소리는 무척 커지고 눈에는 힘이 들어가 있습니다. 손짓은 점점 커지고, 때로는 벌겋게 부어오른 눈으로 울기도 합니다. 그만큼 자신의 억울함을 이해 받고자 하며, 진실이 꼭 밝혀지기를 원하기 때문입니다.

어떤 억울함은 사회적인 복잡한 구조들과 연결되어 있기 때문에 분노와 무기력함으로 이어지며, 이내 깊이 좌절하게 됩니다. 부주의한 사회적인 시스템 때문에 사랑하는 사람을 잃게 되거나 내 책임이 아닌 구조적인 원인으로 지금껏 일군 노력이 무산되는 경우도 그렇습니다. 우리는 그럴 때 막막함을 느끼며 우리가 얼마나 보잘것없는 존재인지 실감하며 무력해지고 맙니다. 그리고 주저앉아 버립니다.

그런데 마음 한편에서는 세상의 모든 일들과 고통스러운 순간들이 일어날 때마다, 우리 힘으로 해결할 수 없다는 무기력함을 느낄 때마다, 변화를 바라고 개선과 해결을 바랄 때마다, 그 변화와 해결을 위해 이 몸이 움직일 수 있는 힘을 달라고 간절히 기도하고 있었습니다. 차라리 죽는 것이 낫겠다고 말하는 순간에도, 사실은 얼마나 살고 싶어 했는지 모릅니다.

억울함이라는 감정은 해결되지 못하고 쌓이면 죽음을 통해서라도 밝히고 싶을 만큼 강한 인간적 감정입니다. 죽음으로써라도 진실을 밝히고 싶은 깊고 절실한 감정인 것입니다. 그러나 스스로 죽음을 선택한다는 것은 너무나 슬프고 비참합니다. 그래서 이 비극적인 방식이 너무나 걱정스럽습니다. 왜냐하면 인간의 힘으로 할 수 없는 놀라운 일들, 즉 기적은 우리 삶에 주기적으로 찾아오기 때문입니다. 그것은 영화에

서처럼 천사가 구름을 타고 나타나는 것이 아니라, 사람을 통해 그리고 사랑을 통해 나타납니다.

자살을 결심한 어느 고교생이 마지막 순간에 한강에 놓인 전화기를 들어 상담을 받고 다시 삶을 살아갈 용기를 되찾습니다. 실의에 빠진 동료를 위해 힘을 모은 팀원들이 그 동료를 다시 회복시킵니다. 병에 걸려 삶을 포기하고 있을 무렵, 주변 사람들의 정성과 사랑을 통해 삶의 활력을 되찾기도 합니다. 갖은 학대와 모진 환경 속에서도 격려를 해주었던 한 사람 덕분에 희망을 갖고 살아가기도 합니다.

억울함은 결코 혼자의 힘으로 해결되지 못합니다. 반드시 누군가가 그의 곁에 머물러 줌으로써 이겨낼 수 있습니다. 그것은 사람일 수도 있고, 동물일 수도 있고, 자연일 수도 있고, 한 권의 책 혹은 라디오에서 흘러나오는 디제이의 짧은 한마디 멘트일 수도 있습니다. 이런 돌봄이 우리의 의지적인 노력 그 이상의 신적인 힘이라고 믿습니다.

죽음에 대한 집착과 삶에 대한 강렬한 욕구, 신에 대해 부정함과 동시에 신의 존재와 돌보심에 대한 갈급함, 두려움에 맞선 몸부림과 사랑에 대한 열망은 우리 삶을 팽팽하게 지탱해 온 힘이었을 것입니다. 삶을 포기하고 싶을 때, 기적을 체험하는 일들이 많아졌으면 좋겠습니다. 그 기적이 신화나 영화에만 나오는 허무맹랑한 스토리가 아니라, 우리 삶에서 언제나 일어날 수 있는 신의 은총임을 기억했으면 합니다.

판단을 넘어설 때
관계가 시작된다

　　　　　　　　　　　기차를 타고 어느 역에선
가 내렸지. 나는 그 역이 어디인지도 기억이 나질 않았어. 그
곳은 엄마가 어려서부터 살아왔던 곳. 어린 시절에 엄마는
내 손을 잡고 익숙한 장소를 쉬지 않고 바삐 데리고 다녔어.
나는 그곳이 어딘지도 몰랐지만 엄마 손을 잡고 마음껏 그
곳을 누비고 다녔지. 어쩌다 사주는 오뎅이나 핫도그를 먹으
면, 그게 너무 행복해서 케첩과 튀김 냄새의 조화에 황홀해
진 채, 눈에 보이는 모든 것들을 바삐 스쳐 보내면서 관찰하
기에 바빴어.

내가 커서 어느 날 다시 그곳에 갔을 때, 나는 익숙한 튀김
냄새와 차가운 공기의 어울림 속에서 어린 시절로 돌아가

있었지. 그런데 내 눈은 어린 시절처럼 바삐 움직이지 않았어. 그건 어린 시절의 호기심과 맞바꾼 삶의 무력감 때문이었지.

어린 시절에는 미처 알지 못했던 엄마가 자란 곳을 찾아 갔을 때 나는 너무 낯설고 어색해서 눈을 어디에 두어야 할지 몰랐어. 엄마가 머물던 나무와 엄마가 놀던 장소를 보면서도 엄마가 아주 어린 나이였고, 그곳에서 철없이 뛰어 놀았다는 사실이 믿어지지 않았어. 한 달이 멀다 하고 화장실에 서서 냄새 나는 염색약을 바르는, 엄마의 탄력 없이 늘어진 살들과 쭈글쭈글한 손을 보면서 나는 도저히 그녀의 어린 모습을 상상할 수가 없었지.

엄마를 있는 그대로 한 사람의 존재로 보지 못하고, 나의 엄마로만 인정하고 바라보며 엄마로서의 역할만을 기대하고 살았던 지난 날 동안, 나는 엄마의 어린 시절을 감당하려 하지 않았어. 마치 그녀는 처음부터 나의 엄마였을 것만 같았지. 그리고 비극적이게도 그런 판단으로 인해 그녀는 나에게 늘 부족한 엄마였지.

내가 엄마가 되고 한 아이를 키우며 내 안에는 엄마로서의 역할 그 이상의 아주 강렬한 존재로서의 생동감이 있다는 것을 알았지. 사람으로서 갖고 있는 아주 순수하고 강렬한 에너지. 나는 때로, 아니 종종, 아니 항상 판단 받고 싶지 않

았고 수용 받고 싶었거든. 내가 그것을 자각하고 원하면서
나는 그녀의 어린 시절을 비로소 받아들일 수 있었어. 그때
엄마가 아닌 한 사람이 내 앞에 있었지. 역할에 대한 판단
기준으로 가려져 보지 못했던 아름답고 자연스러운 한 사람
이 말이야.

나는 이제야 그녀에 대한 연민을 갖게 되었고, 더 이상 그녀
에 대해 판단하는 것에 대한 의미를 상실하게 되었단다. 그
녀는 충분히 아름다웠고 참으로 온전한 존재였지. 그녀의
세월은 그녀 자체로 빛을 내었어. 나는 그것을 이제야 본 거
야. 내 마음엔 감사의 꽃이 피었어. 나는 이 꽃을 그녀에게
정말 주고 싶어.

• • • •

판단은 지금껏 살아오는 동안 우리를 지켜온 힘이었습니다. 위험한 상
황이라고 판단될 때 몸을 피했고, 어려운 문제라고 판단되었을 때 온
힘을 기울이고 자원을 동원해서 문제를 해결했습니다. 그것은 우리를
위험으로부터 지켜 주었고 좀 더 안락하고 편안하게 살 수 있도록 도와
주었습니다. 아마 그런 경험은 우리의 판단 능력을 더욱 공고히 하고,
그것을 확장시켜 사람과의 관계에도 적용했을지 모릅니다. 통찰력과
직관력, 뛰어난 판단력은 마치 성숙한 인간의 능력을 나타내 주는 평가
기준으로 사용되었습니다.

그렇지만 문제를 해결하는 능력과 달리, 인간관계에서의 판단력은 한 사람의 다양성을 이해하지 못하게 가로막으며 종종 오해를 불러일으키고 서로의 마음에 상처를 주기도 합니다.

'내가 저 사람 좀 알아.', '안 봐도 뻔해!', '저 사람은 착해서 남을 속이지 않아.', '그는 평소 언행이 거치니까 멀리 하는 게 좋아.', '학벌이 좋다는 건 성실했다는 걸 증명하지.' 등등. 개개인의 경험을 넘어서 일반화시키고, 소중한 인격체를 하나의 틀 안에 가두어 버립니다. 더 비극적인 것은 자신도 그 안으로 함께 들어가 버리고 만다는 것입니다.

문제는 그 틀은 너무나 작아서 우리가 원하는 것을 다 담아낼 수 없다는 사실입니다. 스스로를 혹은 상대를 하나의 고정된 판단으로 결론내 버리고, 그에 맞추어 모호하고 알 수 없는 부탁을 해댑니다. 우리의 존재를 하나의 작은 틀에 가두어 놓고, 잠재력과 자유로움을 원한다면 우리는 내적으로 충돌할 수밖에 없습니다.

스스로를 '착한 사람'이라고 판단해 버리는 것은 반대의 측면 즉 '나쁜 사람'이라는 측면도 있다는 것을 내포합니다. 나는 착한 사람이라는 이미지를 고수하기 위해 결코 화를 내서도 안 되며 조직이나 공동체를 위해서 헌신해야 합니다. 자유로운 의사표현과 존재감, 소중하게 다루어지고 싶은 욕구가 그 틀 안에서는 결코 드러날 수 없기 때문입니다. 이때 우리는 스스로 불행하다고 여기게 됩니다.

상대를 그렇게 판단의 틀 안에 넣어놓고 그가 괴로워하면 우리는 나름대로 합리적인 이유를 대기도 합니다. 알고 보면 실제와는 거리가 먼 개인적인 판단을 해 가며 상대의 목을 조르는 것입니다. 그리고는 상대에게도 행복해야 한다고 강요합니다.

엄마니까 우리의 식사를 준비해야 하고 아빠니까 마땅히 돈을 벌어서 가족의 생계를 책임져야 합니다. 아빠의 취미생활보다는 가족을 위해 시간을 보내는 것이 당연합니다. 이제 우리 부모님의 얼굴을 바라봅시다. 아빠가 미소 짓고 있습니까? 같은 생각으로 엄마를 바라봅시다. 엄마가 행복해 합니까?

물론 판단 능력은 문제를 해결하거나 결정할 때 커다란 도움이 되었을 것입니다. 그러나 문제 해결과 사람과의 관계는 매우 다른 것입니다. 결코 사람과의 관계는 결과 중심이 되어서는 안 됩니다. 왜냐하면 사람은 수단이 아닌 목적 자체이기 때문입니다. 어떤 능력이나 결과에 상관없이 있는 그대로 존중 받을만한 존재이기 때문입니다. 판단되어서 저울질되고 값어치가 결정되는 것이 아니라, 존재 그대로 온전하기 때문입니다. 그런 온전함으로 서로가 마주하는 것이 자비심입니다. 그런데 우리의 판단은 우리의 자비로운 마음을 저해하고 있습니다.

오늘도 누군가를 내 기준으로 판단하고 결론지었을 것입니다. 그런 상황에서 그가 마음에 들지 않게 행동하거나 나의 가치 기준과 거리가 먼 행동을 했을 때, 그를 나쁘다고 할 것입니다. 그리고 그뿐입니다. 그와 나 사이에는 자비로운 마음이 있습니까? 나 자신을 판단하고 상대를 판단하며 자비로운 마음을 어떻게 유지할 수 있겠습니까? 자비로운 마음은 판단하지 않고 그대로 바라보며 수용할 때만이 가능합니다.
그리고 그 속에서 서로의 진정한 바람이 이루어질 것입니다.

아픔과 슬픔도
관계의 거름이다

내가 아주 어린 시절, 그러니까 내가 여덟 살 때였다. 그렇게 넉넉하지 않은 가정형편에 잠시 가게를 하시던 엄마가 종종 선지해장국을 시켜 드시던 모습이 기억난다. 고개를 숙이고 선지해장국을 드실 때마다 옆에 서 있던 나에게 숟가락으로 선지를 한 덩이씩 떠서 입으로 호호 불어 식혀서 먹여 주셨던 기억. 그땐 선지가 뭔지도 모르고 빨리 달라고 입을 내밀며 주시는 대로 맛있게 받아먹곤 했었다.

나에게 맛있는 덩어리와 고기를 다 주고 엄마는 멀건 국물에 밥을 떠서 드시곤 했던 모습이 기억난다. 피곤한 삶에 지친 엄마는 맛있게 받아먹는 나를 보며 가끔 미소를 짓곤 했었다. 맛있냐고, 많이 먹으라고 말씀하시며.

나중에 형편이 넉넉해지고 풍요로운 생활도 하게 되었어도 선지를 보면 그날, 고개를 숙이고 드시던 엄마의 모습이 떠올라서 눈가가 뜨거워지고 가슴이 뭉클해진다.

사랑하는 내 부모님, 나에게 선지해장국은 내 부모님의 헌신과 희생, 사랑을 기억하게 해 준다.

● ● ●

마치 해가 저무는 것처럼, 일상의 많은 일들이 무의식 저편으로 넘어가고 있습니다. 소소한 일상 가운데에는 보석처럼 반짝이며 우리 마음을 온기로 데워 주는 일들이 있습니다. 그리고 의식적으로 기억하지 못해도 우리의 몸은 그 일들을 기억하고 있습니다. 하지만 우리는 종종 부정적인 것들에 더 강하게 반응합니다. 그래서 행복했던 일들은 금세 잊어버리고, 고마웠던 상대는 내 마음에서 사라져버려도, 나를 불행하게 만들었다고 해석되는 사건들은 오래도록 내 머릿속에 남겨둡니다. 불쾌한 감정은 원인도 모른 채 오래도록 남아서, 먼 훗날 그것이 무슨 일이었는지 기억조차 나지 않을 때에도 상대를 보면 그 강렬했던 감정과 부정적인 판단이 가득 떠오르게 됩니다.

    길을 걷다가 사랑하는 사람과 함께 듣던 음악이 나오면 그대로 멈추어 추억에 잠깁니다. 우리는 어느새 다정했던 그때로 돌아가 그 시절에 대한 그리움에 젖어듭니다. 어디선가 좋아했던 향기가 나면 우리의 눈은 사르르 감기고 그 향을 맡았던 그 순간으로 돌아가게 됩니다. 어린 시절 집에서 늘 맡던 밥 냄새가 나면 그 푸근하고 익숙한 느낌에 몸이 이완되고, 어릴 때 우리의 가녀린 어깨를 안아 주었던 그 느낌은 오래도록 남아 어른이 되고 나서도 누군가에게 안기면 어린 시절의 그때로 돌아가게 합니다. 무의식의 저편으로 사라졌던 일상의 소소함이 보석 같은 빛으로 되살아나는 것은 우리의 몸이 인지적인 기억보다 한 발 앞서 그것을 기억해 주고 있기 때문입니다.

부정적인 해석을 거두면 지나온 삶 속에 숨어 있던, 그러나 생생하게 살아 숨 쉬고 있던 소중한 기억들이 되살아납니다. 온몸으로 기억하고 있는 그런 아름다운 장면들 말입니다. 행복했던 순간들, 어쩌면 그것들은 과거에는 깊은 아픔이었을지도 모릅니다. 세월이 지나면서 모든 아픔들을 추억으로 여길 수 있는 이런 여유를 갖게 될 줄은 꿈에도 몰랐습니다. 엄마가 호호 불며 떠 주시던 선지는, 저에게는 행복이었지만 우리 부모님께는 눈물이었을 것입니다. 이제는 그 눈물조차 감사로 머무는 제 마음에는 미소가 가득합니다.

지난 시절의 아픔을 잠잠히 바라보면 반드시 그 안에는 배움이 있고 성장이 있었습니다. 그리고 그것은 '인생'이라는 커다란 무대에서 대부분은 희극으로 기억됩니다. 때로는 배꼽이 빠지게 웃고 때로는 조용히 미소 짓게 되는 해피엔딩으로 말입니다.

아픔과 슬픔 속에서 배움의 조각을 발견하고 우리의 삶을 더욱 성숙하게 이끌어가는 능력은 이미 우리 안에 있습니다.

　배움의 조각들은 조금씩 연마되어 결국 '성장'이라는 조각품으로 탄생합니다. 오늘도 삶에 배움과 성장이 되는 아픔들이 있었습니까? 아픔을 배움과 성장의 기회로 바라보고 축복할 수 있는 능력이 삶의 성숙함을 결정짓는다는 것을 잊지 마십시오.

그래도 나는
믿기로 결심했다

나는 그 사람을 이해할 수 없었다. 자신이 알고 있는 것들을 아무런 조건 없이 공유하고, 자신이 갖고 있는 것을 조건 없이 나누어 주며 기뻐하는 것이 내 눈에는 가식적으로만 보였다.

'설마 뭔가 남겨뒀겠지. 저렇게 다 주고 나면 불안하지 않을까? 저렇게 다 베풀고 자신이 어려워지면 아무도 돌봐 주지 않을지도 모르는데 어떻게 저렇게 살 수 있지?'

나는 세상을 믿는다는 것에 동의하지 않는다. 그래서 늘 불안했고 내가 아는 것을 지키는 것이 중요했다. 나누고 기여하는 것이 진정한 기쁨이라고 말은 했지만, 내 안의 깊숙한 곳에선 언제라도 공동체에서 나가서 혼자 살 방법을 마련해

두는 것이 중요했다. 어떤 공동체를 위해 내 열정을 바치고
협력하는 것이 나에게는 마음으로 와 닿지가 않았다. 그렇
게 살아가는 사람들은 어리석은 바보처럼 보였다.

내 삶의 중요한 가치나 욕구에 공동체란, 결코 존재하지도
존재할 필요도 없었다. 내가 잘되기 위해 하나의 거쳐가는
수단에 불과했다고 믿어왔기 때문이다.

• • •

제 자신이 회사 조직이나 가정, 친목 모임이나 교회 등의 공동체에서
잘 어울리지 못하고 조화롭게 지내지 못한다는 사실을 알게 되었을 때,
저는 '누구에게 문제가 있는가?'에 무척 집중했습니다. 그리고 공동체
의 구성원들이나 조직의 시스템을 문제 삼으며 제 자신을 위로하곤 했
습니다. 때론 그 공동체를 떠나기도 하고 제 삶에서 그런 만남들과 관
계를 끊어내기도 했습니다.

　　특히 공동체 내의 모든 사람들에게 존경과 사랑을 받는 누군가의
행동이 눈에 거슬릴 때는 더욱 강하게 그 사람의 결점을 찾고자 노력했
고, 그러면서 제 자신을 합리화하는 데에 더 힘을 쏟았습니다. 때로는
부끄럽고 수치스러웠지만, 그런 상황에선 차라리 제 자신을 희생자로
만들어 놓는 것이 더 편했기 때문입니다. 그 순간만큼은 힘이 없어서
일방적으로 당하는 불쌍한 사람이 되었기에 마음은 더 편했습니다. 소
위 갑과 을 중에 불쌍한 을의 자리에 제 자신을 갖다 놓은 것입니다.

이렇듯 공동체 내에서의 갈등은 종종 자기 자신의 문제를 해결하지 못했을 때 발생하게 됩니다. 구성원들의 말과 행동을 제대로 이해하지 못하는 중요한 이유는 그들을 신뢰하지 못하기 때문인데, 그럴 때 갈등의 골이 더욱 깊어지게 됩니다. 신뢰가 깊은 사이에서는 어떤 말이나 행동이 그냥 믿어지는 경우도 있고, 자신을 놀리거나 혹은 존중하는 방식이 아닐 때에도 그냥 허허 웃고 넘어가는 경우도 많습니다.

　　누군가를 신뢰한다는 것은 자기 자신에 대한 신뢰가 있어야 가능한 일입니다. 보통은 자신을 신뢰하지 못하기 때문에 누군가를 신뢰하는 것이 어려운 일입니다. 누군가를 끊임없이 불신하는 눈빛으로 바라보고 있는 이상, 공동체 내에서 편안하기란 너무나 어려운 일입니다.

　　당신도 곰곰이 생각해 보십시오. '누군가를 믿지 못하는 나의 깊은 불신의 뿌리는 어디일까?' 그러면서 마음 한 구석에서 공동체의 따뜻함을 깊이 갈망하고 있는 자신을 발견하게 될 것입니다. 그것이 가족, 친구들, 회사의 조직, 친목 모임이거나는 심지어 모르는 사람들로 둘러싸인 지하철이어도 '내가 이 속에서 안전하고 편안하다고 느낄 수 있다면 얼마나 좋을까?'를 상상해 보며 내 안에 자리 잡은 세상에 대한 깊은 불신을 직면하고 치유하게 될 것입니다.

　　어린 시절에 가족 내에서 무조건적인 신뢰를 경험하는 것은 매우 중요합니다. 그것은 세상에 대한 신뢰를 갖게 되는 초석이기 때문입니다. 만일 그때 가족과의 신뢰를 경험하지 못했다면 아름다운 공동체에 속해 우리 마음에 주는 평온과 안식을 경험해 볼 필요가 있습니다. 공동체 내에서 경험하는 안식과 평온은 우리가 어떻게 한 조직에서, 한 가정에서, 한 모임에서, 한 사회에서 평화롭고 조화롭게 살아갈 수 있는지를 알려주며 삶의 힘을 더해줍니다.

나에 대한 신뢰가 없었기에 타인을 믿지 못했고, 상호적인 신뢰가 없었기 때문에 더 큰 조직이나 공동체를 신뢰한다는 것은 더욱 어려웠습니다. 공동체라는 힘이 주는 안식과 평온도 몰랐습니다.

그러나 세상을 살아가는 이상 우리는 의식하든 의식하지 못하든 소속감을 갈망하고 그 안에서 인정받고 안정감 있게 머물고 싶어 합니다. 그 안에서의 안식은 인간의 외로움을 녹여 주고, 소속감은 정서적인 안정감을 느끼게 해 줍니다. 무언가 함께할 수 있는 동료들이 있다는 것은 나 혼자 모든 것을 다 감내할 필요가 없음을 알려 줍니다. 또한 갈등이 생겨도 다른 방식으로 생각하게 됩니다. 누가 잘못했는지 무엇이 원인인지 따지고 밝히는 것보다, 공동체가 회복되는 방향이 무엇인지, 모두의 욕구가 충족되는 방법이 무엇인가로 우리의 의식이 확장됩니다. 공동체를 통해 성숙과 인간답게 살아가는 삶을 배우게 될 것입니다.

PART 2

지금 여기서
사랑하는 마음으로

Compassion

우리의 깊은 내면을 그대로 마주하고 나면, 곧 겨우내 버틴 나무에서 아주 부드럽게 솟아오르는 연약하고 가녀린 새싹과 같은 것을 발견하게 될 것입니다. 그것은 깊은 아픔과 어둠 끝에 보이는 한 줄기 빛과 같은, 약하지만 눈부신 '희망'입니다. 나약하고 부족했던 자신이 아주 충만하고 온전한 존재로 거듭날 수 있는 것은 바로 이 연민Compassion때문입니다. 세상을 바라보는 왜곡된 틀을 조용히 내려놓고 '지금 여기'에서 호기심과 순수의 눈으로 세상을 바라보게 하는 힘은 전적으로 연민Compassion에 달려 있습니다. 이제 긴 긴 이야기를 끝내고 삶을 다시 시작할 수 있는 기반을 마련하게 되었습니다. 그것은 바로 사랑의 마음입니다. 바로 이 사랑의 마음으로 패러다임의 변화를 시도하며 새로운 삶을 시작합니다.

세상에서
처음 만나는 연민

우리 부모님께서는 밤 9시
면 잠을 자야 한다고 하셨어요. 잠이 오지 않는 날도 여지없
이 그 시간이 되면 불을 끄시곤 했죠. 그런데 가끔 어떤 날
은. 아마도 제 기억에는 가을 무렵, 종종 그러셨던 것 같아
요. 가을밤이면 제 손을 잡고 산책을 가곤 하셨죠. 별말도 없
이 손을 잡고 집 근처를 산책하고 집에 돌아오는 길이면 아
이스크림을 사주셨는데 저는 그 시간이 그렇게 좋았어요.
제가 부모가 된 지금도 저는 제 아이의 손을 잡고 산책을 하
면. 어린 시절 제 생각이 나서 아이에게 묻곤 합니다. 아이
스크림 먹고 싶으냐고 말이죠. 어느덧 저는 부모가 되었어
요. 그리고 제 아이를 보면 물어봅니다.

"너는 아빠가 어떻게 해 줄 때 사랑받는 것 같아?"

저는 우리 부모님과 늦은 저녁 함께 산책을 하며 손을 꼭 잡고 걸을 때 제가 정말 사랑받는다는 것을 깊이 느꼈어요. 그러나 제 아이는 저와 목욕을 하며 제가 맨살로 부비고 안아 줄 때 사랑받는 것 같다고 했지요. 때론 저와 상대방이 서로 사랑을 확인하는 방법이 다르다는 것을 이해하기까지 꽤 오랜 시간이 걸렸습니다.

내가 원하는 방식과 상대가 원하는 방식이 다르다는 것을 이해하고 나서야 그 사람의 마음이 보이기 시작했고, 진짜 그 사람을 이해하기 시작했어요.

• • •

우리는 모두 각자의 방법대로 사랑받음을 확인하고 배웠습니다. 그렇게 다르게 자라온 사람들이 만나, 서로의 사랑을 표현할 때에는 각자 자기 방식으로 사랑을 표현하고, 그 사이에서 갈등을 경험하기도 합니다. 사랑하는 사람과 함께하는 시간을 갖는 것 대신 사랑의 편지를 주었는데, 상대는 '편지'라는 방식보다는 함께 있어주는 시간을 통해 사랑을 확인받고 싶을지도 모르기 때문입니다.

모두에게 중요한 사랑은 그 가치가 너무나 크고 소중하기에 사랑을 하는 방식에 있어서도 자신이 원하는 방법에 집착하기도 합니다. 그래서 다투기도 하고 헤어지기도 하고 서로를 비난하기도 합니다. 중요한 것은 서로의 방식을 인정하고 그 방식이 왜 그토록 그에게 중요하게 되었는가를 이해해야만 그 갈등이 사그라질 수 있다는 사실입니다.

우리가 사랑을 확인했던 최초의 관계는 우리를 낳아 주신 부모님입니다. 우리 모두에게는 부모님으로부터 사랑을 받고 있다는 것을 확인했던 순간들이 있습니다. 공부하는 방에 들어와 머리를 쓰다듬어 주셨던 순간, 땀을 흘리며 집에 들어설 때 시원한 물을 건네며 안아 주셨던 순간, 우리가 아플 때 밤을 새며 곁을 지켜 주셨던 날들, 힘들 때 당신께서 더 어렵게 버신 돈을 조용히 내어 주실 때….

그분들도 우리를 낳아 힘들고 거친 세월 동안 얼마나 힘이 드셨겠습니까? 거대했던 그분들이 지금 우리들의 나이였다는 사실을 보면, 우리의 나약함이 그들에게도 있었음을 알 수 있습니다. 한때는 우리를 사랑하는 방법을 모르셨고, 사랑을 표현하기에는 삶의 고단함이 너무 커서 삶 자체에 지쳐 있었을지도 모릅니다. 그러니 우리는 아무런 평가를 할 수 없습니다. 비난은 또 다른 비극을 낳은 것이며 그분들이 경험한 부모로서의 삶을 충분히 이해하지 못한 행위이기에 우리는 그저 그 세월의 아픔과 노고에 머물며 감사해야 합니다.

이제는 힘없이 걸어서 방으로 들어가시는 부모님들께 다가가 쭈글쭈글한 손을 잡아 드리고, 헝클어진 머리를 빗겨 드리고 하얗게 새어 버린 머리를 염색해 드리고, 차가운 발을 주물러 드리는 것으로 감사를 표현해야 합니다.

부모님과 우리 사이에는 참으로 많은 것들이 머물고 지나갔습니다. 많은 웃음과 눈물, 행복과 고통도 지나갔습니다. 그리고 조금 더 시간이 흐르면 그분들은 우리를 지나 더 먼 곳으로 떠나실 것입니다. 우리를 지나갈 그분들의 가슴을 사랑으로 채워 주십시오. 그분들도 잘 몰라서 표현하지 못했을 그 사랑을…. 우리에게 그토록 소중한 사랑, 그 사랑을 주고받고 표현하는 방식이 다름을 이해할 수 있을 때 우리는 진정한 사랑을 느끼며 소통할 수 있게 될 것입니다.

아픔까지도
사랑하다

어린 시절, 신 나게 자전거를 타고 가다가 거친 아스팔트에 넘어져 무릎을 많이 다쳤던 기억이 납니다. 한참을 그 자리에 앉아 상처를 보지도 못한 채 엉엉 울다가 지금 제 곁에 도와줄 사람이 아무도 없다는 사실을 알고 눈물을 그쳤습니다. 주저앉은 채로 고개를 숙이고 한참동안 무릎의 상처를 바라보았습니다. 외로움과 슬픔, 아픔이라는 감정이 점차 호기심으로 변해갔습니다. 자잘하게 긁힌 자국 사이로 피가 맺혀 오르고 그대로 굳어갔습니다. 며칠 뒤 그 상처에는 딱지가 생겼고, 딱지가 떨어지면서 새살이 올라왔습니다.

　제 마음의 상처를 바라보았습니다. '누가 날 아프게 한 거야?', '바보같이 왜 상처받고 그래!', '내가 아파도 내 곁에는 아무도 없어.', '나는 혼자야.'라는 판단 뒤에는 '피가 나고 있구나?', '파랗게 멍이 들었구나!', '살이 조금 패이고 말았네.'라는 '관찰'이 행해졌습니다. 상처를 가만히 보고 있으니 아픔과 통증은 금세 사라졌습니다.

통증은 사라지는데 괴로움은 남습니다. 이는 상황이 끝난 후에도 우리의 판단과 해석이 우리를 괴롭고 비참하게 만드는 것입니다. 상처를 받았고 억울하고, 그것에 대해 분노가 느껴진다면 상대를 비난하고 바로잡으려 하기 전에 아픈 우리 자신을 먼저 돌아보는 것은 어떻습니까? 아파서 우는 것이 아니라, 두렵고 외롭고 억울해서 울고 있진 않습니까? 아프면 가장 먼저 아픔을 보는 것이 중요합니다. 아픔의 원인을 따지고 밝히는 것보다 '많이 아프구나. 내게는 안전한 환경이 중요하고, 적절한 보살핌과 관심이 필요하구나.'라고 말입니다. 그리고 상처가 잘 나을 수 있도록 연고도 발라 주고 거즈도 붙여 주고 호호 불어 주어야 할 것입니다.

나를 밀어 넘어뜨리거나 걸려 넘어지게 한 상대를 어떻게 하겠다는 생각은 잠시 내려놓아야 합니다. 상처가 완전히 치유될 때까지 상처에 대한 관심의 끈을 놓지 않고 사랑의 마음을 지속하면서 돌보아 주는 것이 중요합니다.

오늘날 우리는 수많은 갈등 속에서 분노나 억울함을 느끼고, 상대를 공격하느라 많은 에너지와 시간을 낭비했을지 모릅니다. 그런 상황에서 우리의 말과 행동은 나중에 후회할지 모르는 거친 방식으로 전달되었을 수도 있습니다. 어쩌면 이미 자신에게 '그렇게까지 공격할 필요

는 없었잖아. 왜 그렇게 분노 조절을 못하는 거야?'라고 비난하고 있을
지도 모릅니다.

　사회적인 관계 속에서 다양한 교류를 맺으며 살아가고 있기 때문
에 누구나가 갈등을 경험하고 그 속에서 원치 않는 상처를 주고받게 됩
니다. 그러나 상처를 제대로 바라보고 치유하려 하기보다는, 상처를 보
기도 전에 화를 내거나 아니면 회피해 버리거나 상대를 향한 비난부터
퍼붓곤 합니다. 그리고 이렇게 말을 합니다.

　"모든 게 다 너(당신) 때문이야!"

　이런 생각들이 모두 나쁘거나 다 잘못된 것은 아닙니다. 하지만 이
런 생각에 사로잡혀서 나의 상처를 제대로 살펴보지 못하면, 그 아픔
속에서 내가 진정으로 원했던 것이 무엇이었는지를 알 수 없게 됩니다.
바로 이것이 비극이고 고통입니다.

상처를 바라본다는 것은
상대에 대한 평가가 아닌,
나에 대한 관찰에서부터 시작합니다.
상대를 비난하거나
자신을 해치지 않으면서
아픔을 표현하는 것입니다.
표현되는 아픔을 이해 받을 수 있어야
그 상처가 치유될 수 있습니다.

이렇게 우리의 아픔을 바라볼 수 있게 되면 비난과 공격, 회피라는 방어기제를 사용하지 않고, 비극적인 방식에서 벗어나 상대와의 관계를 회복할 수 있는 건강한 방식으로 소통하게 됩니다. 평화로운 관계와 진정한 소통은 이런 방식으로 우리를 찾아옵니다.

스스로
부족하게 여겨져도

● ● ●

살아가면서 누구나 한 번씩은 '나는 누구인가?'를 스스로 묻게 됩니다. 저도 제 자신이 누구인지, 어디에서 왔고 어디로 가고 있는지가 궁금해졌고 이내 깊은 고민에 빠지게 되었습니다.

몇 해 전, 예고 없이 찾아왔던 깊은 우울 속에서 제가 마주했던 극도의 불안과 두려움의 신체적 반응들은 제가 지난 삶을 돌아보며 진실을 마주하게 하는 데에 큰 힘을 주었습니다. 삶이 뜻대로 통제되지 않아 절망과 고뇌의 바닥을 찍고, 결국 죽음의 고비를 넘기고 나면 내가 얼마나 나약한 존재인지 깨닫게 됩니다. 내가 얼마나 강한 척하려 했던 존재인가를 인정하고, 내 속의 억울함과 두려움을 직면하며 그런 내 자신을 깊이 애도한 후에야 비로소 '나는 그럼 누구인가?', '나는 정말 누구일까?', '나는 어디에서 왔으며 내가 가는 곳은 어디인가?' 그리고 '나는 지금 어디에 있는가?'에 다다릅니다. 속도를 내며 세상으로 나아가던 내가, 알 수 없는 힘에 의해 무릎이 꺾이고 바닥에 '퍽!'하고 엎드리게 될 때 비로소 얼굴을 들어 하늘을 바라보게 되는 것입니다.

허무함은 할 수 있는 모든 노력을 하고도 뭔가 삶이 채워지지 않고 텅 비어 있다고 느낄 때 찾아오는 감정입니다. 많은 것을 이루고 난후, 금세 사라져버리는 쾌락 역시 허무함을 불러옵니다. 허무함은 그동안 누려왔던 것들이 진정한 행복이 아니었음을 증명해 줍니다.

감사를 되찾으면 허무함은 힘을 쓰지 못합니다. 모든 영역에서 감사하는 삶은 삶의 민감함을 가진 사람에게 가능한 것입니다. 그 민감함은 긍정적인 마음이 회복되어야 가질 수 있습니다.

긍정적인 마음의 회복은 우리의 생각이 곧 실체가 아니라는 것을 깨달을 때 가능하고, 우리의 생각은 과거의 학습과 경험에서 형성된 거짓 신념이란 사실도 알아야 합니다.

비유하자면 우리는 그물이고 생각은 바람입니다. 우리의 영혼이 그물이 되어서 비극적인 생각들이 바람처럼 스쳐 지나가게 해 주어야 하고, 우리는 관찰자가 되어 그런 생각들을 그대로 바라보고 수용해 주어야 합니다.

우리는 관계를 맺으며 살아가는 존재로서 서로가 다양한 피드백을 주고받으며 살아갑니다. 사람들은 그 사이에서 각자의 존재 가치를 발견하고 싶어 합니다. 긍정적인 피드백을 듣게 되면, 자신이 마치 무엇이라도 된 것 같은 행복감과 벅참에 젖게 되지만, 한 사람에게서라도 적나라한 부정적 피드백을 듣게 되면 금세 비극소설의 주인공처럼 우울해지곤 합니다.

스스로의 삶의 방향에 대해 혼란스러워 하는 이유가 바로 여기에 있습니다. 우리의 존엄성에 대한 깊은 이해가 다져지지 않았기 때문입니다. 사람들의 피드백에 영향을 받을 수는 있지만, 그것으로 우리의 존엄성을 결정지어서는 안 됩니다. 우리의 존엄성은 세상의 가치로 저울질되는 것이 아니라, 저 먼 곳에서 그저 존재 자체로 신과 함께 있는 것입니다.

우리는 상대의 평가와 피드백을 통해 자신을 성장시킬 수 있고, 상대는 그 성장의 과정에 도움을 줄 수 있습니다. 그것은 언제나 달콤하면서도 쌉싸래한 시간입니다. 아프지만 기꺼이 성장하는 시간이기 때문입니다. 존엄성은 이런 과정에서 존재가 흔들리지 않는 것을 말합니다. 부족하기 때문에 배우는 것이 아니라 성장하고 싶어서 배우는 것이며, 부족하기 때문에 사랑받는 것이 아니라 우리 삶에서 사랑이 중요하기에 사랑을 원하는 것입니다. 상대에게 도움을 청하는 것은 우리가 모자란 사람이어서가 아니라 서로가 돕고 살아가는 것이 인간의 아름다움이기 때문입니다. 우리는 모두, 정말로 모두가 아름다운 존재로 태어났고 그런 존재로서 생을 다하다가 떠나야 합니다.

우리의 존엄성을 훼손시킬 수 있는
사람은 세상에 딱 한 사람, 바로
자신이라는 것을 기억해야 합니다.

이것이 우리의 존엄성에 대한 이해가 꼭 필요한 이유입니다. 우리의 존엄성은 우리가 결정하는 것입니다.

로마인들이 아무리 예수님을 채찍으로 때리고 온갖 폭력과 독설과 비난을 퍼붓고, 결국 십자가에 못 박아 고통스러운 죽음으로 몰아넣었다 해도 예수님의 왕다운 품위를 빼앗아가지는 못했다는 사실을 잘알고 있습니다. 저는 성경 속 이 부분을 곰곰이 생각해 보았습니다. 그리고 어떤 결론에 이르렀습니다. 그것은 우리도 이와 마찬가지로 그 어떤 고통이라 해도 우리의 존엄성과 품위를 빼앗아가지는 못한다는 사실에 대한 확신이었습니다.

오고 가는 많은 생각들을 조용히 바라보고 흘려보내는 것. 아픔과 괴로움마저 나의 일부분임을 받아들이고, 괴로움 뒤에 찾아온 한 가닥의 소망을 놓치지 않고 기도하는 것. 어떤 모습으로 찾아가도 우리를 수용해주는 신의 사랑처럼 나를 받아 주는 것. 그런 태도로 살아가는 것이 우리를 온전히 제자리로 돌아올 수 있게 해 줍니다.

우리가 배운 삶의 지혜들과 지식, 주변 사람들의 인정은 우리가 세상을 물적으로 편안하게 살아가는 데에 도움은 될 수 있습니다. 그러나 온전한 우리를 나타내 주는 정체성의 조건은 될 수 없습니다. 무조건적이고 수용적인 거룩한 사랑의 경험이나 믿음이 없이는 우리 삶은 외부의 조건에 끊임없이 흔들리고 무너질 수 있기 때문입니다. 우리에게 정말 필요했던 것은 스스로가 가치 있는 인간이라는 사실에 대한 굳건한 확신일지 모릅니다. 스스로가 부족하다 여겨져도 소중한 사람이라고 생각하는 수용과 타인이 아닌 우리가 스스로를 사랑해 줄 수 있는 진정한 용기가 필요한 것입니다.

우리의 삶을 돌보고 있는 거룩한 신의 손길을 깨닫고 나면, 삶이 내 개인의 것만이 아님을 알게 됩니다. 잘 살아간다는 것은 선택을 넘어선 그 무언가, 그 누군가의 사랑에 대한 보답이고 책임이며, 서로가 그런 사랑으로 끈끈하게 연결되어 있다는 것을 믿는 믿음입니다. 그 보답과 책임감은 희생이나 부담과는 다른 매우 기쁜 일입니다. '나는 과연 누구인가?'하는 물음에 대해 이 넓은 우주 속에 하나뿐인 내가 바로 신이 그토록 사랑하는 소중하고도 유일한 존재라는 것을 알고 믿는 것도 그 기쁨 중 하나입니다.

진정으로 자신이 누구인가를 찾아가고 그것을 받아들이는 것은 가치 있고 중요한 것을 위해 습성적인 것들을 내려놓는 과정입니다. 습성적인 것들을 내려놓는 것은 의식적인 포기의 과정을 수반하며 세상의 기준과 시선을 내려놓을 수 있는 용기가 필요한 일입니다. 그 과정들은 무엇보다 기존의 우리 에고가 집착하던 것들을 상실하는 것이 생각만큼 슬프지 않으며 오히려 꽤 자유롭기까지 하다는 사실을 느끼게 해 줍니다. 우리의 에고가 중요하게 생각하는 많은 것들로부터 분리되어 순수한 영혼을 볼 수 있을 때에야 비로소 자신의 정체성을 알아가게 될 것입니다.

정체성을 알아가는 일은 말할 수 없는 자유와 기쁨을 줍니다. 진정으로 자아를 실현한다는 것은 우리 마음에 심겨진 신의 사랑을 경험하고, 그 사랑을 따라 살아가려는 즐거운 의지의 과정이어야 합니다. 우리는 신의 돌봄과 사랑의 호흡을 통해서만 살아갈 수 있는 존재입니다. 실로 우리 자신은 아무것도 없는 텅 빈 존재입니다. 그러나 그 순간이야말로 가장 충만하고 온전한 우리 자신일 수 있습니다.

진정한 내려놓음에
대하여

　　　　　　5월의 햇살은 너무나 눈부
시고 아름다워서 우리 안에 있는 모든 근심과 걱정, 분노와
슬픔도 다 녹여버릴 것 같습니다. 그런 5월의 어느 날, 무릎
이 다 튀어 나오고 해어진 내복을 입고 놀던 다섯 살 아들이
엄마에게 달려와 놀이동산에 가고 싶다고 안깁니다.
엄마는 갑자기 불안해집니다. 불안 속에 담긴 생각은 '아이
가 놀이공원에 가서 아빠가 있는 다른 가족들을 보면 기가
죽을 텐데 어쩌지?'라는 것이었습니다. 아이를 혼자 양육하
면서 유치원 학예회, 명절 때나 놀이공원에 가는 것이 엄마
는 유독 불편했습니다. 그렇지만 아이의 해맑은 얼굴을 보
고 나자 엄마는 불편함을 무릅쓰고 김밥을 준비하고 돗자리

와 얼음물, 카메라까지 메고 길을 나섰습니다.

뉘엿뉘엿 해가 지고 붉게 물들어가는 노을이 놀이공원의 모든 사물을 아름답게 바꿔 줄 무렵, 엄마와 아이의 이마에 맺힌 땀도 식어갑니다. 점점 날이 어두워지면서 쌀쌀해지는 바람이, 시원함의 여유를 즐길 틈도 없이 한기로 다가와 엄마와 아이를 움츠러들게 합니다. 아이는 엄마 손을 잡고 걷다가, 앞에 가는 아빠의 등에 업혀 잠이 든 한 아이를 물끄러미 바라봅니다.

"엄마, 나도 업어 줘. 다리 아파!" 엄마는 다리가 아팠지만 갑자기 밀려오는 죄책감의 힘으로 기운을 내어 아이를 업었습니다. 가방을 앞으로 메고 아이를 뒤에 업고 목에는 카메라를 걸었습니다. 아이는 신이 나서 풍선을 든 채 엄마의 등에 폴짝 올라타 업힙니다. 잠시 후 아이는 무슨 생각이 들었는지 "엄마, 힘들지? 나 내려줘!"라고 말하며 엄마의 등을 톡톡 건드립니다.

"아니야, 엄마는 우리 아들 업어주는 게 좋아. 힘들면 말할게. 이대로 잠시 업고 가자."

엄마는 걸어가면서 다른 가족들을 봅니다. 아빠와 엄마의 손을 잡고 걸어가는 아이들을 보면서 엄마는 커다란 죄책감과 홀로 있는 자신의 모습에 큰 위축감을 느낍니다. 그리고 지난 시간들을 살아온 자신의 모습을 그려봅니다. 정상

적인 가정이 아니라는 생각 속에서 살아왔던 지난날의 아픔
들이 떠오릅니다. 가정의 달이면 아이와 어디 한군데 마음
놓고 가지 못하는 자신의 처지에 갑자기 눈물이 솟아오릅니
다. 아이를 데리고 놀러 온 놀이공원에서 엄마는 온통 다른
사람들과 비교하며 자신의 신세를 비관적으로 해석하고 있
었습니다.

●　●　●

엄마는 힘겨운 몸으로 아이를 업고 가다가 문득 깨닫게 됩니다. 스스로
가 자신의 처지를 다른 가정과 비교하고 있다는 사실을 말입니다. 정상
가정과 비정상 가정을 저울질하고, 그 생각의 끝은 자신의 아이가 제대
로 자라지 못할 거라는 비극적 시나리오까지 이어지게 됩니다. 이 모든
것이 진실이 아닌, 미래에 대한 자신의 불안이라는 것을 깨닫고 나자,
갑자기 엄마의 지친 팔에 기운이 솟아납니다. 두 다리에 힘이 들어갑니
다. 카메라를 목에 메고 무거워 고개를 떨어뜨렸던 머리도 힘껏 위로
들고서 하늘을 올려다봅니다.

　　자신의 한 몸도 지탱하기 힘들었고 아이의 존재가 무겁게만 느껴
졌는데, 그 순간 아이의 존재가 자신이 무너지지 않도록 지탱해 주는
힘의 원천임을 깨닫습니다. 죄책감으로 아이를 업었던 힘과는 전혀 다
른, 의식적이고 선택적인 힘으로 아이를 업고 갑니다. 엄마는 눈물을
닦아내고 아이와 함께 노래를 부르기 시작합니다. 현실은 하나도 달라

지지 않았습니다. 그러나 직면이 시작된 것입니다.

먹구름이 태양을 가린다고 해도 그 위의 햇살의 존재를 부정할 수 없고 가릴 수는 없습니다. 이와 마찬가지로 우리의 삶이 아무리 고되고 지쳐도 그것이 영원할 수는 없습니다. 지치고 괴로운 사람에게 정신 똑바로 차리라고 말하고 싶지는 않습니다. 죽고 싶다는 사람에게 복에 겨운 배부른 소리하지 말라고 다그치고 싶진 않습니다. 삶의 의미를 모르겠다는 사람에게 감사할 일을 찾아보라고 조언하고 싶진 않습니다. 그러나 이 경험만은 꼭 나누고 싶습니다.

삶에서 만나는 모든 자극들에 대한 우리의 해석이 바로 괴로움의 주된 먹이가 되고 있다는 사실입니다. 우리가 어떤 해석을 하는가에 따라 삶이 기쁠 수도 괴로울 수도 있다는 것입니다. 그런 해석 대신 간절히 원하는 것, 즉 필요에 의식을 모을 수 있다면 우리는 먹구름 위에 항상 존재하고 있는 햇살을 믿을 수 있게 될 것입니다. 그 햇살에 의식을 두고 믿음의 힘을 모으면, 그것이 곧 내재된 회복력이 될 것입니다. 그 믿음은 너무나 눈부시고 매우 현실적입니다. 그 과정에서 우리가 할 수 있는 일은 침묵 속에서 서로를 안아 주는 일입니다. 그것이 한 사람의 고통이 아닌, 모두의 고통임을 느낄 수 있기를 바랍니다.

매일 매일 우리의 삶에는 다양한 상황과 자극이 찾아올 것입니다. 그럴 때 습관적인 해석으로 삶을 괴롭게 할 수도, 간절히 원하는 것에 의식을 모으고 현실을 판단 없이 수용함으로써 삶을 평화롭게 유지할 수도 있습니다. 그것을 선택할 권리와 힘은 분명 우리에게 있습니다. 갓 태어난 아이를 품에 안을 때는 그 아이에게 아무런 기대를 하지 않고 그냥 안아 주게 됩니다. 기대를 내려놓고 역할도 내려놓고 자신을 있는 그대로 안아 줄 수 있는 힘이 우리에게 있습니다.

누구나 행복하게 살아가고 싶습니다. 행복을 느끼며 살고 싶어 합니다. 우리 사회는 행복하기 위해서 더 많은 것을 소유하라고 가르칩니다. 그리고 그 목적이 너무나 소중하고 강한 나머지, 과정과 수단 및 방법에 대해서는 양심의 눈을 가리기도 했습니다. 어떤 길로 가든, 많이 소유할 수 있다면 우리의 양심과 사랑을 포기하고서라도 성취하고자 했습니다. 왜냐하면 그 끝에 행복의 종착역이 있을 거라 믿었기 때문입니다.

어느 정도 그 자리에 올라간 사람들은 허탈해 했습니다. 죽음을 앞둘수록 행복은 이게 아니었다고 말합니다. 또 많은 사람들은 그 과정에서 포기하기도 했습니다. 왜냐하면 소유한다는 것은 소금물과 같아서 끝없이 나아가게 만들고, 소중한 사람들을 잃어버리게도 했기 때문입니다. 우리 아이들은 외롭게 성장했고, 우리의 마음도 무미건조해졌으며 대화와 소통보다는 기계와 문명에 의존하기 시작했습니다. 정신없이 하루를 살고 집으로 돌아가는 길은 쓸쓸하고 허무했으며, 아무도 반겨주지 않는 어두운 집으로 홀로 들어서는 그 순간에야 비로소 행복이란 이런 과정의 끝에 있는 것이 아니라는 사실을 깨닫게 해 주었습니다. 핸드폰을 만지작거리며 SNS에서 다른 사람들이 보여 주는 행복한 장면들을 통해 박탈감 속에서 하루를 마감하는 것이 습관처럼 굳어지고 말았습니다.

우리는 이제 행복해지기 위해 욕심을 비우고 많은 것을 내려놓아야 한다고 생각합니다. 소유를 내려놓을수록 행복해질 수 있다고 생각하게 된 것입니다. 그리고 주어진 것, 있는 것에 감사하자고 말합니다. 이런 과정은 '행복'을 느낄 수 있는 매우 중요한 요건 중 하나입니다. 우리의 소소한 일상, 즉 사랑하는 사람과 함께 걷는 기쁨, 한강을 따라 자전거를 타고 달릴 때 느껴지는 시원한 바람, 아이가 내 어깨를 주물러 주는 순간의 행복, 지천에 피어 오른 들꽃의 아름다움 등은 우리의 의식이 미래를 향한 것이 아니라, 지금 이 순간의 일상에 머물 때 얼마나 행복할 수 있는지를 보여 줍니다.

그러나 내려놓는다는 것은 소유한 것을 내려놓는 것 이상이며, 갖고 싶은 마음을 내려놓는 것 이상의 의미를 지닙니다. 우리가 온 몸으로 붙잡고 있는 괴로움도 내려놓아야 합니다. 우리의 과거가 지금까지도 어깨를 무겁게 짓누르고 있습니다. 내려놓는다는 것은 과거의 고통과 괴로움마저도 내려놓는 것입니다. 우리의 아픔과 슬픔 그리고 두려움과 불안도 내려놓는 것입니다.

우리의 괴로움 또한 우리의 것이 아닙니다. 우리 곁에서 함께 살아가고 있는 감정이지만, 우리의 소유는 아닌 것입니다. 우리가 욕심을 비우는 것만큼 중요한 것은 우리의 괴로움과 고통, 두려움, 불안도 우리의 소유가 아님을 의식하고 온전히 내려놓는 것입니다.

오늘 너무나 마음 아픈 일이 있었다면, 그 아픔은 우리와 함께할 수는 있지만 우리의 것이 아님을 기억해야 합니다. 아주 큰 두려움을 느꼈다면 그것은 나와 함께 머물 순 있겠지만 내 소유는 아닌 것입니다. 그런 감정들조차 우리 곁에 머물다가 자연스레 지나가게 두는 것이 바로 진정한 내려놓음입니다.

누군가를
사랑하기 전에

우리가 만나서 막 커피 주
문을 했을 때, 그녀는 자신의 휴대폰 메시지를 확인하더니
제자리에서 입을 막고 방방 뛰기 시작했다. 그녀는 내게 문
자 메시지를 보여 주었다.

"Good bye. I love you."

그녀는 그가 죽기 바로 직전에 이 메시지를 보낸 것 같다고
했다. 가족들의 반대로 결혼하지 못했던 그녀의 오랜 연인
이 암으로 그렇게 세상을 떠난 것이다. 그는 얼마 전, 그녀
에게 병원에 와달라는 문자를 보냈다고 한다. 그는 그녀가
오기 전에 아주 힘겹게 머리를 가지런히 빗었다고 간병인
은 전해 주었다. 그렇게 힘없이 그리고 하염없이 자신을 바

라보던 그를 보며 그녀는 말할 수 없는 고통과 깊은 사랑이 느껴졌다고 했다. 그리고 몇 주 후 그 문자 메시지를 받았던 것이다.

우리는 그날, 국밥집에 갔는데 그녀는 평소와 다르게 국밥을 두 그릇이나 먹더니 자신이 막 웃어도 놀라지 말아달라고 했다. 계속 헛웃음을 터뜨리던 그녀는 내 손을 잡고 백화점에 가더니 입어보지도 않고 옷을 일곱 벌이나 샀다.

나는 갑자기 울음이 터져 나왔다. 난 막 울기 시작했다. 정신없이 울었던 것 같다. 그제야 드디어 그녀가 같이 울기 시작했다. 우리 둘은 벤치에 앉아 함께 울었다. 그녀의 깊은 상실과 두려움이 내 가슴 속에 그렇게 느껴질 줄은, 그것은 나도 미처 예상하지 못한 너무나 큰 아픔이었다.

나는 그녀에게, 그와 함께 보낸 지난 10년에 대한 이야기를 듣기 시작했다. 그녀는 여러 가지 외부적인 사정으로 인해 그 사람과 더 많은 시간을 보내지 못했음을 안타까워했다. 또한 자신의 개인적인 성취를 중요하게 생각한 그녀 자신을 비난했다. 세상적인 가치에 자신의 시간과 에너지를 다 쏟으며 자신에게 진정으로 소중한 사랑은 돌보지 않고 살았음을 깊이 안타까워했다. 그 사람이 있어야 자신이 진정으로 빛이 날 수 있었다며 깊은 좌절을 느끼고 있었다. 그가 죽고 없어졌으니 이제 자신의 사랑은 끝이 나 버렸고 살아갈 의

욕마저 사라졌다고 말했다. 그녀는 자신이 앞으로 행복하지 못할 것이라고 말했다.

그렇게 몇 달이 지나 그녀를 다시 만났다. 긴 머리를 땋아서 올려 묶은 그녀의 모습에는 이전의 당당함도 아름다움도 느껴지지 않았다. 한국말과 영어를 섞어가며 우울증 약을 먹고 있으니 자신이 좀 이상해도 이해해 달라고 말할 뿐, 상실의 아픔과 이별의 고통 속에서 그녀는 그렇게 자리를 잡고 앉아버린 것 같았다. 그녀가 나와 있는 시간 동안 웃은 건 오로지 그녀의 연인이었던 그가, 그녀에게 지난 세월 동안 고백했던 말들을 내게 전할 때뿐이었다. '그가 너무 보고 싶다'는 그녀의 말보다 내 가슴을 아프게 했던 것은, 미래의 삶은 불행할 것이라 생각하고 있는 그녀의 모습이었다. 그녀는 여전히 과거에 살고 있었고 그 과거는 불행한 미래를 확신하고 있었다.

• • •

'사랑' 앞에서 그 누가 냉정하고 꼿꼿할 수 있을까 생각해 봅니다. 사랑하는 사람의 존재가 사라지는 순간, 자신이 얼마나 나약했는가를 실감하게 됩니다. 자신의 삶마저 무의미해질 정도로 깊은 아픔 속에 잠기게 됩니다. 삶의 의미를 완전히 상실하게 되는 강렬한 사랑의 경험은 우리의 마음과 생각에 커다란 두려움을 심어 놓습니다.

첫눈에 반한다는 말이 있습니다. 어떤 정보도 없이 누군가를 마주했을 때, 자기도 모르게 순식간에 빨려 들어가 그 사람의 모든 것이 궁금해지는 그런 일. 아침에 눈을 떠서부터 깊은 밤 눈을 감을 때까지 그 사람에 대한 생각을 중심으로 일상이 살아지는 그런 강력한 끌림이 있습니다. 그럴 때 우리는 '사랑에 빠졌다'라고 이야기합니다. 사랑을 '하는' 것이 아닌 그야말로 사랑에 풍덩 '빠져 버린' 것입니다. 누군가는 이런 사랑은 사랑이 아닌 단순한 외적인 끌림이라고도 하고, 또 어떤 이들은 사랑은 분명히 맞지만 위험한 방식의 시작이라고 충고하기도 합니다. 누군가에 대해 진지하게 알아가고 정보를 교환하고 인지적인 과정을 거쳐야 안전한 사랑을 시작합니다.

사랑의 시작이 어떻든 그 시작은 강렬하면 할수록 깊이 끌려 들어갑니다. 매 순간 탄성이 흘러나오고, '왜 저 사람을 이제야 만났을까?'라고 생각될 만큼 강렬한 끌림은 이제 사랑을 시작할 준비가 되었음을 알려주는 신호입니다. 과거에 했던 사랑의 시작 혹은 지금 하고 있는 사랑의 시작도 아마 족히 이 정도는 되는 끌림으로 시작했을 것입니다.
한번 생각해 봅니다. 우리의 삶에 예상치 못한 순간, 느닷없이 다가오는 그런 강렬한 끌림 앞에서 무엇을 준비할 수 있었겠습니까? 그렇지만 끌림의 시작 뒤에는 그 사랑을 더욱 곤고하고 아름답게 유지하기 위해 할 수 있는 일들이 많이 있습니다. 다시 말해서 사랑에 빠지는 순간을 지나면 진짜 사랑을 할 수 있는 성숙한 시간을 맞이하게 된다는 것입니다. 사랑에 빠진 채 평생을 살아갈 수는 없습니다. 시간이 흐르면서 상대방에 대한 환상이 벗겨지고 화학적인 끌림의 상태에서 벗어나기 시작하면, 비로소 진짜 사랑을 할 수 있는 때가 오는 것입니다. 이때의 사랑은 끌림의 자극에서 비롯된 말초적인 것과는 분명 다릅니다.

이때는 상대에게서 마음에 들지 않는 모습이 보이고 때때로 상대에게 실망하기도 합니다. 그럴 때 어떻게 반응하는지에 따라 그 사랑은 성숙하게 유지되어 더 깊어질 수도 있고 혹은 단순하고 순간적인 끌림으로 끝나버릴수도 있습니다. 내가 이해하지 못하는 방식으로 행동하는 상대방을 깊이 이해하고 받아들일 수 있는 능력이 바로 사랑을 할 수 있는 능력입니다. 또한 상대가 자기 세계에 머물 수 있도록 바라봐 줄 수 있는 여유와 자율성, 자유의 여부가 성숙한 사랑을 보장하는 능력이 됩니다. 사랑이란 하늘에 속해 있는 자유로운 새처럼, 바다 속에 속해 있는 자유로운 물고기처럼 내 안에 속해 있는 그 사람이 자유롭게 살아가는 것을 의미하는 것입니다.

끌린다는 것은 내 모든 일상을 그 사람과 함께하고 싶은 것이지만, 사랑을 한다는 것은 상대와 떨어져서도 각자가 온전한 삶을 유지할 수 있는 능력을 포함합니다. 그 사람이 내 모든 것이 될 수 있으면서도 그가 없어도 내가 온전할 수 있는 것이야말로 진짜 사랑을 하는 사람의 능력입니다. 그러자면 상대를 사랑하기 이전에 우리 자신을 더욱 사랑할 수 있어야 합니다. 스스로의 강점뿐만 아니라 스스로 부족하다고 여겨지는 부분까지도 수용하고 인정하며 충분히 끌어안을 줄 아는 사랑의 능력이 우선되어야 합니다.

저는 사랑을 이야기하면 가끔씩 가슴이 뭉클해지고 깊은 아쉬움과 슬픔이 느껴집니다. 그럼에도 불구하고 가슴 한 구석에서는 왠지 모를 기대감이 생겨납니다. 그것은 아마도 지난 사랑에서 행하지 못했던 것에 대한 아쉬움과 앞으로 다가올 사랑의 기대감이 제 속에 함께 자리 잡고 있기 때문일 것입니다.

그러나 진실한 사랑은 그 애도의 끝에서 우리의 축 처진 어깨를 감싸주고, 하염없이 흐르는 눈물을 닦아 줍니다. 그리고 마음껏 슬퍼하되 그 슬픔에 매몰되지 말라고 말합니다. 지금 마음껏 불행해 하고 아파하되, 미래까지 그것을 이어가지 말라고 충고합니다.

사랑은 깊은 책임감과 상대에 대한 존중 그리고 상대를 위해 기꺼이 즐거운 마음으로 나의 힘과 노력 등을 내어주는 행동을 필요로 합니다. 하지만 그 이전에 가장 큰 중심은 언제나 '나' 자신이어야 합니다. 내가 온전히 서 있을 수 없다면 상대가 나에게 기대어 올 때 나는 그 상대를 안아줄 수도, 버티고 서 있을 수도 없습니다. 만일 누군가와 사랑에 빠졌다면, 잠시 멈추어 자신을 돌아보아야 합니다. 내가 나 스스로를 이렇게 깊이 사랑하고 있는지, 나 자신을 사랑할 수 있으면 세상 만물에 대한 존귀한 마음을 가질 수 있을 것이고, 그런 마음이 곧 사랑에 빠진 당신을 사랑을 '할 수 있는' 당신으로 만들어 줄 것입니다.

사랑하세요, 당신을. 그러면 사랑할 수 있을 것입니다, 상대를.

사랑은 깊은 절망에서 헤어 나오지 못하는 우리의 손을 잡고 일으

커 줍니다. 상대가 소중했다면 우리 자신도 그만큼 소중하다는 것을 기억하라고 이야기합니다. 상대를 향한 진정한 사랑은 진실로 스스로를 사랑하는 것이라고 말해 줍니다. 사랑하는 사람과의 이별로 우리가 스스로를 포기하려 할 때, 사랑은 분명하고도 단호하게 말합니다. 자신이 스스로 회복할 수 있게 돕고 사랑하는 것이 상대에 대한 마지막 사랑의 실천이라고 말입니다.

당신,
참 괜찮은 사람이다

"파괴적인 에너지는 분명히 존재한다. 그러나 이는 일시적인 것으로 영원한 힘인 창조적 에너지 앞에서는 항상 무기력하다. 파괴적 에너지가 우월하다면 모든 신성한 끈, 그러니까 부모와 자식, 형제자매, 스승과 제자, 지배자와 피지배자 사이의 끈은 영원히 끊어질 것이다." - 마하트마 간디

● ● ●

깜빡이를 켜지 않고 확 들어오는 차를 보고 그의 평안을 위해 기도해줄 때, 무거운 짐을 들고 가는 사람에게 다가가서 "도와드릴까요?"라고 물어볼 때, 옆 테이블에서 시끄럽게 떠드는 아이에게 호기심으로 말을 걸 때, 미안해하는 부모에게 진심으로 괜찮다고 미소 지으며 말해줄

때, 모르는 사람과 음식을 나누어 먹으며 행복할 때, 택시 기사님의 고충을 들어주고 내리면서 그를 위해 기도할 때, 몹시 추운 날 길거리 노점상 주인에게 장갑을 벗어 주고 돌아설 때, 누군가 우리의 그런 모습을 바라보면 이렇게 말할지 모르겠습니다.

"당신은 참 친절하고 따뜻한 사람이군요."

그렇지만 우리는 잘 알고 있습니다. 우리 안에는 이와 반대되는 품성도 자리 잡고 있다는 사실을. 저는 개인적으로 생각해 봅니다. 우리의 이런 품성은 신성한 신으로부터 흘러나온 거룩하고 아름다우며 자비로운 마음이라고.

우리는 누군가에게 솔직하게 말하겠다면서 그의 마음을 찢을 정도로 직설적인 비난을 하기도 하고, 상대의 고통을 보면서 알 수 없는 쾌감을 느끼기도 합니다. 누군가가 바라보고 있거나 알려질 것 같은 때에만 친절과 솔선수범을 보이기도 하며, 어떤 실익이 있을 때에야 적극적으로 나서서 노력을 쏟아 붓기도 합니다. 나에게 상처를 준 상대는 벌을 받아야 한다고 말하면서, 내가 필요한 것을 얻어내기 위해서 상대에게 피해를 주는 것은 모른 척하기도 합니다. 그렇다면 누군가는 이렇게 말할 것입니다.

"당신은 정말 이기적이고 폭력적인 사람이네요!"

그렇지만 우리는 알고 있습니다. 이런 모든 모습 뒤에는 아름다운 사랑도 자리하고 있다는 것을 말입니다.

이런 자비로운 마음은 어디에서 온 것인지, 폭력적인 마음은 어디에서 비롯된 것인지 생각해 봅니다. 그렇지만 저의 관심은 좀 더 다른 곳에 더 크게 자리합니다. 그 두 가지 품성 중에 어떤 사람들은 어떻게 자비로운 마음을 더 많이 사용하고, 어떤 사람들은 왜 폭력적인 마음을 더 많이 사용하는가에 대해서 말입니다.

'연민'(compassion)이란 상대의 고통을 함께해 준다는 의미입니다. 이는 인간이면 누구에게나 있는 연약한 부분이 드러날 때, 서로 연민과 자비로 연결되는 것을 의미합니다. 자비로운 마음을 자주 사용하는 사람들을 살펴보면 그들은 자신의 힘에 의지하기보다는 좀 더 거룩한 존재에 대한 신뢰를 기반으로 행동합니다. 또한 그들은 타인을 볼 때에도 타인이 갖고 있는 두 가지의 품성 중, 자비로운 부분에 더 관심을 두고 바라봅니다. 그들은 타인을 그렇게 바라봄으로써 타인과의 관계도 평화롭게 유지하지만, 그들의 마음도 언제나 평화롭습니다.

만일 한 순간이라도 나를 힘들게 하는 상대를 비난하지 않고 그를 위해 기도한다면, 그것은 다른 모든 이가 몰라도 스스로가 알고 있습니다. 신께서 내 마음을 움직여 이 일을 이루고 계신다는 사실을. 인간의 힘 저 너머에 있는 신의 거룩한 사랑을 이해하기 전의 저라면, 아무런 대가 없이 결코 하지 않았을 행동임을 말입니다. 마음으로 주고받는 기쁨을 경험하는 것은 신이 인간에게 주신 큰 축복입니다. 마음 안에 증오 대신 연민을 불어넣고, 마땅함 대신 감사를 경험하게 하고, 작은 일을 통해서도 삶의 의미를 깨닫게 하시며 그 과정에서의 모든 기쁨을 우리에게 되돌려 줍니다.

지금 눈을 감고 느껴보기 바랍니다. 아무것도 하지 않아도 눈부시게 푸르른 자연에 누워 느낄 수 있는 시원한 바람과 고운 새소리와 사랑하는 사람의 따뜻한 손을 말입니다. 그것으로부터 오는 기쁨은 무언가를 이루고 얻어내는 기쁨과는 차원이 다른 행복입니다. 조건이 있고 보상이 있는 그런 기쁨이 아닙니다. 왜냐하면 그것은 무조건적인 수용이 있기 때문입니다. 되돌려 받을 무언가를 기대하지 않기 때문이고, 노력하지 않으면 없어질지도 모른다는 불안감이 없기 때문입니다.

기꺼이
주고 받기

아들이 아홉 살 때였습니다. 아들에게 용돈을 주어야겠다는 생각이 들었습니다. 그런데 그냥 주기보다는 무언가 교육을 시키고 싶다는 생각이 들었습니다. 저에게 중요한 가치 중 하나가 '타인을 도우며 사는 삶'이었는데, 아들에게 이타심을 가르치기 위해 친구를 도울 때마다 200원을 주겠다는 후한 제안을 했습니다.(숙제를 혼자 하면 50원, 방 정리 및 양치와 세수를 스스로 하면 50원이었던 것을 감안하면, 친구를 도울 때마다 주어지는 200원은 아주 후한 제안이었습니다.) 아들은 너무나 기뻐했습니다. 그런 거라면 자기가 잘 할 자신이 있다고 했고, 저는 그런 아들이 내심 기특했습니다.

며칠 후 아주 많은 눈이 온 날이었습니다. 아들이 다니는 초등학교는 언덕 끝자락, 산의 입구에 위치하고 있는데 아들이 집에 올 시간이 한참 지났는데도 오지 않는 것이었습니다. 저는 걱정되는 마음에 집 앞 학교 가는 길목에 서서 아들을 기다리고 있었습니다. 한 명 두 명 아들과 친한 친구들이 볼이 발개져서 신 나게 내려오고 있었습니다. 저는 아이들에게 물었습니다.

"얘들아, OO이 봤니?"

아이들은 손가락으로 학교 방향을 가리키며 말했습니다.

"저기 맨 뒤에 내려와요!"

언덕길을 내려오는 아이들은 가방도 없이 신 나게 뛰어오고 있었습니다. 이상하다고 생각하며 아들을 찾아보는데 저기 멀리서 아들의 얼굴이 보이는 것 같았습니다. 아들의 얼굴만 겨우 보였습니다. 왜냐하면 아들이 친구들 가방 6개를 들고 내려오고 있었기 때문이었습니다. 무거워서 끙끙거리는 데다 눈도 많이 와서 그 미끄러운 내리막길을 겨우 내려오느라 아이는 거의 실신할 지경이었습니다. 저는 뛰어가서 아이가 들고 있는 친구들의 가방을 들어주며 물었습니다.

"너 지금 뭐 하는 거야?"

지체 없이 되돌아오는 아들의 대답은,

"엄마, 1200원 주세요!"

저는 그때 알았습니다. '아이는 내가 가르쳐 주고자 한 가치 (협동과 이타심)를 배우지 못했구나!' 아이에겐 그저 용돈을 버는 게 중요했습니다. 저는 허탈했고 아이는 기뻐했습니다. 아이가 모은 돈을 들고 우리는 마트로 갔습니다. 장을 먼저 보고 장난감을 사러 가자고 해도 막무가내로 자기 장난감부터 사자고 조릅니다. 하는 수 없이 아이와 함께 장난감 코너에 갔습니다. 한 남성분이 아들에게 다가와서는 이렇게 말했습니다.

"애, 탑 블레이드 좀 아니? 아저씨 아들에게 사다 주려고 하는데 종류가 너무 많아서 뭐가 뭔지 잘 모르겠다."

아들은 자기 장난감을 고르다 말고 아저씨를 바라보며 말했습니다.

"아저씨 아들이 몇 살이에요?"

"응. 여덟 살인데 이 안에 팽이 돌리는 긴 막대기도 있니?"

아들은 아저씨 곁에 다가가서 무려 15분 가까이 아저씨를 도와주었습니다. 저는 그 모습을 한참 바라보고 있었습니다. 그리고 인간의 마음 안에는 스스로 우러나와 누군가를 위해 자신의 힘과 노력을 사용하길 즐긴다는 사실을 발견했습니다. 저에게 돌아온 아들을 바라보며 저는 장난삼아 말했습니다.

"200원 줄까?"

아들은 대답했습니다.

"아니요. 필요 없어요. 저 아저씨 도와주니까 기분이 좋아요."

저는 아들에게 가르쳐 주려고 했습니다. 누군가를 도우며 살아가는 것이 얼마나 의미 있고 아름다운지를. 그러나 아들은 이미 그 마음을 가지고 태어났습니다.

●　●　●

우리는 모두 실익을 떠나 누군가에게 베풀고 나눴던 경험, 거기서 기쁨을 느끼며 활짝 웃던 그날의 기억을 갖고 있을 것입니다. 누군가 길을 가다가 넘어져서 다쳤을 때, 가던 길을 멈추고 그를 도왔던 아름다운 그런 경험 말입니다. 그런 사람들의 얼굴에서 퍼져 나오는 미소보다 더 아름다운 것이 또 있을까 하는 생각을 해 봅니다.

그런데 우리는 그런 경험과 느낌을 점점 잊고서 살아갑니다. 잘못하면 벌을 받고, 잘하면 상을 받고, 끊임없이 비교 당하고, 강요받기 시작하면서 즐겁게 하기보다는 죄책감과 수치심을 피하기 위해 혹은 두려움을 느끼기 싫어서 하기 시작했습니다. 안 하면 욕을 먹거나 혼이 나거나 인정받지 못하기 때문에, 그래서 하기 시작했습니다. 비극은 이렇게 시작되었습니다. 왜냐하면 그런 마음으로 어떤 일을 하게 되면서부터 우리는 기쁨보다는 어쩔 수 없는 의무감으로 움직이게 되기 때문입니다. 이 과정에는 마땅함이 존재하고 감사함은 자리 잡지 못합니다.

지금 사랑하는 사람을 떠올려 보십시오. 그리고 그를 위해 마음에서 우러나와 해 주고 싶은 일을 생각해 보십시오. 어떤 보상도 기대하지 않고 오로지 내가 그에게 주고 싶은 것을 행동으로 옮겨 보는 것입니다. 기꺼이 주고받는 것을 즐기는 것, 이런 사람에 대한 신뢰와 믿음이 바로 사랑의 시작입니다. 이런 마음에서 우러나온 인간관계는 마음에 평화로움을 가져다주고, 평온한 소통을 주고받을 수 있게 합니다. 삶은 이렇게 우리에게 행복을 가져다주는 것입니다.

우리 모두에게는 기꺼이 누군가를 위해 베풀고자 하는 마음이 있습니다. 언제입니까? 당신의 기억 속에 남아 있는 그 아름다운 경험을 했던 날은. 당신이 미소 지으며 나누어 줄 그날의 이야기를 함께 듣고 싶습니다.

공감의
손을 잡고

2009년 겨울, 서울에 있
는 '봉은사'라는 절 앞을 지나갈 때였습니다. 절 앞에 한 걸인
으로 보이는 남자가 웅크리고 앉아 손으로 차가운 떡을 뜯어
먹고 있었습니다. 그 남자 앞에는 생선을 담아 놓았던 것으
로 보이는 작은 스티로폼 박스가 있었고, 거기에는 먹다 남
은 백설기 떡과 얼마의 돈이 있었습니다. 그 앞에 한 아이와
엄마가 서 있었는데, 그 엄마가 아이에게 천 원짜리 한 장을
주었습니다. 아홉 살 남짓으로 보이는 그 아이는 그 남자에
게로 다가가더니 그 앞에 쭈그리고 앉았습니다. 우리라면 그
냥 그 박스에 천원을 넣고 돌아왔을 텐데.
"아저씨, 안 추워요?"

"춥지."

"아저씨, 엄마가 이걸로 따뜻한 음료수 사 드시래요."

"엄마랑 어디 가는구나?"

그 아저씨가 아이를 보며 말을 걸었습니다.

"네. 배고파서 엄마랑 밥 먹으러 가요."

"이거 먹을래?"

하며 아이에게 백설기를 한 조각 손으로 떼어 줍니다.

"그럼 아저씨 먹을 거 없잖아요."

"괜찮아, 먹어."

"감사합니다."

아이는 거기 앉아서 신호등의 초록색 불이 켜질 때까지 그 남자와 함께 떡을 먹었습니다. 그 아이는 걸인에게 더럽다고 말하지 않았고 돈만 주고 돌아서지도 않았습니다. 또 게을러서 이렇게 된 거냐고 묻지도 않았고, 바라보던 엄마도 아이에게 "너도 저렇게 되지 않으려면 열심히 공부해야 돼!"라고 말하지 않았습니다. 아이가 엄마에게 갔을 때 엄마는 "맛있었어?"라고 했을 뿐입니다.

아이는 단지 그 자리에서 그 남자와 함께 앉아 머물렀고, 그 남자에게 필요할 거라고 여겨지는 것을 돕고 싶어 했고, 그 남자는 배고픈 아이에게 자신의 것을 나누어 주고 싶었을 뿐입니다. 제게는 그 광경이 그렇게 보였습니다.

• • •

바쁘게 걸어가던 일상의 발걸음을 멈추고 뒤를 돌아본 적이 있습니까? 우리의 과거에는 무엇이 있습니까? 과거 속에는 많은 상처와 괴로움 혹은 여전히 해결되지 못한 채 덮여 있는 고통들이 고스란히 놓여 있습니다. 가까운 과거의 상처로는 '어제 친구와 다투고 끊어버린 전화' 같은 것부터 오래된 과거의 상처로는 '어린 시절 부모와의 이별이나 갈등' 같은 깊은 상처들이 있을 것입니다. 우리는 그런 과거의 상처나 괴로움을 돌아보기 두려워합니다. 그것들은 잘못 밟기라도 하면 터져버리는 지뢰처럼 여겨지기도 합니다. 또는 앞으로의 나날들에는 과거의 그것들은 무의미하다고도 말합니다.

상처와 고통을 공감 받지 못한 채 우리는 '누구에게나 상처는 있다'는 이유로 혹은 '그것들은 중요하지 않다'는 이유로 합리화하며 계속해서 앞으로만 걸어가려고 합니다. 불행히도 과거의 상처는 수시로 복병처럼 튀어나와 우리의 발목을 붙잡고, 앞으로 나아가는 속도를 더디게 합니다.

인간관계 속에서 순간순간 올라올 뿐만 아니라 '내 안'에 나타나 '나'를 멈추게 합니다. 결국 상처를 치유하는 일은 행복한 미래로 가는 지름길 역할을 하게 되는 것입니다.

지금 잠시만 움직임을 멈추고 생각해 보기 바랍니다. 우리에게 이 상처가 정말 중요하지 않았는지를. 누군가 우리의 상처를 보듬어주고 함께해 주기를 원하지 않았습니까? 우리가 힘들 때 손을 잡아 주고, 울때 안아 주고, 우리를 위해 진심으로 이야기를 나누어 줄 사람이 필요하지 않았습니까? 혼자 외롭게 울다 지쳐 흐르는 시간 속에서 상처가 아물어 가기만을 바라고 있을 때 우리 얼마나 외로웠습니까?

이번에는 여러분이 가장 사랑하는 사람을 떠올려 보십시오. 세상에서 가장 사랑하는 사람이 가슴이 아파 쓰러져갈 때, 어떻게 하셨습니까? 고통 속에서 도움의 손길을 구하고 있을 때 여러분은 어땠습니까? 대신 아파해 주고 싶을 만큼 가슴이 아팠던 기억이 있습니까?

너무나 고귀한 우리의 존재는 몰아치며 나아가는 존재가 아닙니다. 모두가 사랑받을 자격이 있는 존재이며 돌봄을 받을 자격이 있는 존재로 태어났습니다. 누군가로부터 상처받을 이유도, 누군가를 상처입힐 자격도 우리에게는 없습니다. 다만 고통을 공감하고 공감 받으며 서로를 사랑하고, 그 사랑을 실천하며 살기 위해 조금 더 노력할 필요가 있습니다.

그러나 우리는 서로를 사랑하면서 사랑이라는 이름에서조차 군림하려 하고 지배하려 합니다. 인간은 모두가 평등한데 서로가 우위를 정하고 사랑하는 데에서도 힘을 가지려 합니다. 주고 싶은 사랑만을 주고, 때론 그 사랑을 무조건 받으라고 강요하기도 하며, 사랑이라는 이름으로 상대를 지적하고 비난하고 교정하려 합니다. 상대를 바로잡고 교정하고 비난하면서 상대에게 우리의 사랑을 전달하는 방법은 없을 것입니다. 건강한 미래를 위해서는 행복한 현재가 있어야 합니다. 행복하기 위해서는 사랑이 느껴져야 하고, 사랑하기 위해서는 공감이 필요합니다.

서로가 동등하게 존재하며
상대를 위해 함께 머물러 주는 것이
바로 '공감'입니다.

사랑은 공감으로 피어나는 연못 속의 연꽃같은 것입니다. 진흙탕에서 자라지만 맑고 곱고 깨끗하게 피어오르는 연꽃처럼, 사랑도 모든 판단과 생각을 내려놓고 있는 그대로의 모습을 수용해 줄 때 진정으로 표현됩니다.

침묵하며
함께하기

"제가 1년간의 별거 생활을
마칠 즈음에서야 제 친구들이나 주변 사람들은 제가 이혼을
결심하고 남편과 떨어져 살고 있다는 것을 알게 되었어요.
주변 사람들은 '왜 이제야 말을 하냐?'고 제게 여러 말들을
했지만, 제가 처음부터 사람들에게 아무 말을 하지 않았던
건 아니었어요. 힘들고 막막하고 어떻게 해야 할지 몰라서
그들에게 이야기를 했을 때, 가족들을 포함해서 그들은 모두
저에게 "참아. 다들 그렇게 사는 거야!", "나중에 애한테 무슨
말을 들으려고 그래?", "그래서 좀 더 천천히 나이 먹어서 결
혼하라고 했잖아!"라는 식의 위로나 조언들을 해 주었죠.
저는 분명히 그들을 믿었고, 그 말들이 진심으로 절 걱정하

는 말인지 알면서도 그 말은 저에게 엄청난 상처로 다가왔어요. 저는 누구에게도 제 이혼에 대해 말하지 않았죠. 그리고 제가 찾아간 곳은 호젓한 절이었어요.

법당에 앉아 저는 소리 없이 흐르는 눈물을 닦지 않고 그대로 두었어요. 누구도 저에게 말을 걸지 않았고, 전 마음속으로 그냥 저의 심정을 마구 쏟아내고 있었어요. 세상 누구와도 저의 슬픔과 고통을 나눌 수 없다는 좌절감은 오히려 침묵 속에서 희망으로 되살아났던 것 같아요. 저는 혼자 있었지만, 마치 또 다른 제 자신이 제 앞에 마주앉아 저를 바라봐 주는 것 같았죠. 제 아픔을 함께해 주면서요. 그것은 자생적인 회복의 시작이었다고 생각해요."

● ● ●

이혼이나 사별, 사랑하는 연인이나 친구와 이별을 했거나 자녀의 죽음을 맞이하는 등의 극심한 스트레스와 고통들은 예기치 못하게 우리를 찾아옵니다. 그런 아픔을 겪은 사람들과 마주한다는 것은 참 힘든 일입니다. 그들의 이야기를 듣고 있을 때 아무것도 해 줄 수 없고, 해 주려는 생각조차도 무의미해집니다. 이미 상실한 것들에 대해, 그들의 스토리에 대한 어떠한 해석도 진단도 무의미합니다.

개개인의 스토리를 상대의 삶에 대입해 생각하는 것 또한 무의미합니다. 우리는 그저 미소로 때로는 눈물로 함께해 줄 수밖에 없습니다. 우리 내적으로도 깊은 아픔을 느끼게 되겠지만, 그런 깊은 내적 아픔은 삶의 중요한 가치들을 다시 생각해 보고 정돈할 수 있는 시간을 주기에 그 또한 감사해야 합니다.

단순히 누군가의 곁에서 가만히 있어주는 것. 우리는 무언가 빨리 해결해 주려는 마음 때문에 이것을 무척 힘들어합니다. 짧은 크로노스와 긴 카이로스, 세상의 규칙적인 시간과 상대의 감정 그리고 정서적인 시간은 다를 수 있습니다. 그래서 때로 시간은 계속 흘러갔는데 상대는 그 시간이 멈춘 듯 그곳에 머물러 있기도 합니다. 이제 그만 아파하라고, 다 잊을 수 있을 거라고, 세상의 시간은 그에게 강요하지만 그것은 그 사람을 더욱 아프게 할 뿐입니다. 힘든 상황에 처한 상대의 아픔은 세상의 시간에 머물지 않고, 그 자신만의 정서적인 시간에 머물고 있기 때문입니다.

진정한 마음의 평안은 크로노스가 아닌 카이로스에서 가능할지도 모릅니다. 바라보는 우리에게는 10일이 지났지만, 겪고 있는 상대에게는 100일과도 같이 길게 느껴지는 이유입니다.

용서할 수
있을까?

　　　　　　　　　　웃풍이 심한 방에 누우면
등은 뜨겁고 입김이 나곤 했었어. 학교를 마치고 집으로 돌
아오면 나는 도시락 통도 씻지 않은 채, 두꺼운 솜이불을 꺼
내어 목까지 덮고는 잠이 들었지. 배가 고파도 눈이 떠지지
않을 만큼 곤히 잘 수 있는 시간이었어. 그런데 말이야. 창가
너머로 해가 넘어갈 무렵, 아버지가 뚜벅뚜벅 걸어오는 발
걸음 소리가 들리면 내 눈은 전기가 오르는 듯 번쩍 뜨였어.
그 발자국 소리는 어린 나에게 공포 그 자체였고 불안을 넘
어 큰 두려움이었지. 너는 두려움을 아니? 두려우면 아무것
도 할 수가 없지. 마치 마네킹이 되어버린 것처럼 말이야. 어
떤 것도 생각할 수가 없어. 오로지 심장이 미친 듯이 뛰고 있

다는 것 외에는, 내가 의식할 수 있는 게 없었지.

따뜻했던 아버지는 한동안 실의에 빠지면서 몇 년간 매우 폭력적인 방식으로 나를 대했어. 이유도 모른 채 아버지에게 매를 맞고, 손찌검을 당하고 욕을 듣는 것은 어린 내겐 세상이 끝나는 듯한 절망과 무기력의 절정을 경험한 시간들이었단다.

아마도 폭력도 사랑이라고 왜곡되게 믿기 시작했던 것은 그때 간절하게 사랑받고 싶었던 어린 아이의 절규였을지도 모르겠다. 아버지는 나를 때리고 나서, 깊은 밤 내가 잠이 들면 조용히 내 방문을 열고 들어와서 곁에 앉아 한참 동안 눈물을 흘리셨지. 그리고는 내 아픈 곳을 따뜻하지만 거친 손으로 쓰다듬어 주셨어. 분명 같은 손인데 맞을 때와는 너무나도 다른 느낌이었지. 나는 잠을 자지 않았지만 눈을 뜰 수는 없었어. 왜냐하면 그때만큼은 잠시나마 아버지의 사랑을 다시 느낄 수 있었기 때문이었을 거야.

세월이 지나면서 나는 수치스러움을 느끼기 시작했어. 참 아이러니한 건 사람들이 나를 인정하고 칭찬할 때마다 수치심을 느꼈다는 거야. 나는 그럴만한 사람이 아니라고 생각하는데 사람들은 나를 칭찬하기 시작했거든. 나를 사랑한다고 고백했던 많은 사람들의 사랑도 믿지 않았어. 그들의 사랑은 아름다운 나의 젊음과 미소가 사라지면 이내 사라질

거라 생각했거든. 왜냐하면 나는 있는 그대로 사랑받을 존
재가 아니라고 믿게 되었기 때문이야.

나는 내면의 깊은 수치심이 어디에서 왔는지 궁금했어. 그
주소지가 어딘지 알아야만 찾아가서 말을 할 수 있을 테니
말이야. 그 주소지가 어디인지 아마 지금은 너도 나도 알 거
야. 그제야 나는 비로소 아버지가 미워지기 시작했고, 분노
했어. 나에게 왜곡된 사랑을 심어 주었다고 그를 비난하면
서 마구 미워했지. 용서는 내 평생 없을 거라 믿었고, 나는
그를 계속해서 외면했어.

그런데 내가 그를 외면하면 할수록 내 마음이 공허해지고
아파오는 거였어. 그래서 마음속으로 신을 찾아 되뇌어 봤
어. 나의 이 공허함과 아픔이 어디에서 오는 거냐고. 답을
듣지는 못했지만 나는 내 마음 깊은 곳에서 슬픔이 올라오
는 것을 보았단다. 그리고 한동안을 울었지. 참 … 많이 울
었어. 지나가는 아이를 보아도 울었고, 잔디에 누워서 맑은
하늘을 바라보면서도 울었어. 심지어는 내 아이가 자전거를
타는 뒷모습을 보아도 눈물이 났었지. 그건 내 상실한 어린
시절과 그때 겪은 아픔에 대한 애도였어. 나는 마음을 놓고
그 시간을 애도했지.

포근한 봄이었어. 햇살이 내리던 어느 날, 무언가 나를 포근
하게 안아 주는 것을 느꼈어. 나는 정말 그게 봄 햇살인 줄

만 알았단다. 하지만 그것은 신의 품이었어. 아무것도 묻지 않고 모두 알고 있다는 듯 나를 안아주는 무한 공간의 품이었던 것 같아. 나는 내 애도의 과정이 끝나가고 있다는 것을 직감할 수 있었어.

내가 애도의 과정을 마쳤을 무렵, 자연스럽게 내 마음에 올라오는 무언가를 봤단다. 그건 아주 자비로운 마음이었는데 마치 겨울 내내 말라버린 나뭇가지에서 솟아나는 초록색 여린 잎 같은 거였어. 나는 마음속으로 신을 찾아 여쭈었지. 지금 이 마음이 무어냐고. 그땐 분명히 답을 주셨단다. 바로 사랑이라고 말이지.

나는 자연스럽게 나의 고통처럼 고통스러웠을 아빠를 보게 되었어. 내가 보았던 아버지는 아주 어린 시절로 돌아가 있었어. 그 아이에게 물었지. 도대체 너에게 무슨 일이 있었던 거냐고. 그 아이가 나를 보며 울었어. 나는 너무나 놀랐지. 그리고는 무릎을 꿇고 그 아이의 두 손을 잡았어. 마음을 놓고 나에게 기대도 좋다는 말도 해 주었지. 아이는 멈칫멈칫 고개를 떨어뜨렸다가 나에게 살며시 와서 안겼어. 그 아이의 몸은 군데군데 멍이 들고, 제대로 씻지 않아 피부는 얼룩덜룩했고, 옷도 적어도 몇 달은 빨지 않은 듯 낡았었단다. 엄마는 어디 있느냐고 물었을 때 아이는 눈물을 터뜨리고 말았어. 나는 말없이 아이를 꼭 안아주었고 어느새 아이는 내 앞에서 아버지의 모습으로 서 있었어.

나는 아버지를 바라보고 있었어. 아버지는 내 앞에서 마음으로 울고 있었지. 그것은 한 번도 돌봐지지 않은 자신의 아팠던 어린 시절을 애도하는 것이었고, 아버지로서 나에게 행했던 폭력적인 행동에 대한 깊은 후회의 눈물이었어.

질문이 뭐였지? 용서하는 방법을 알려달라는 것이었나?

용서를 어떤 공식처럼 설명할 수 있을까? 분명히 시작은 분노였고, 내 아픈 원인이 아버지에게 있다고 믿었는데 나는 그를 용서할 필요를 못 느끼게 되었지. 왜냐하면 내 기나긴 애도의 끝을 지나 그의 아픔을 볼 수 있었기 때문이야. 용서를 해야 한다고 믿었던 시간들은 모두 거두어 가시고, 나의 마음에 남겨 놓으신 것은 깊은 이해뿐이었지. 나의 나약함과 아버지의 나약함이 마주하자 우리 사이에는 서로에 대한 연민만이 우러나왔어.

이 말을 마지막으로 해 주고 싶구나. 내가 아버지를 자비로운 마음으로 바라보았을 때, 수십 년간 보지 못하고 놓쳐 왔던 것을 보게 되었단다. 그것은 굳은살로 가득해지고 쩍쩍 갈라진 아버지의 투박한 손이었어. 나는 그 손을 말없이 잡았지. 나는 아버지께 감사하다고 말을 하진 않았어. 아버지 역시 나에게 미안하다고 말하지 않으셨지. 난 생각했어. 말처럼 쓸모없는 것이 또 있을까 하고 말이야. 내가 뒤돌아 가

볍게 길을 떠나기 시작했을 때 어디선가 나를 부르는 소리
를 들었지. 홀로 길고 외로운 시간을 보내온 나에게 신이 선
물을 주시겠다고 했어. 그건 바로 용서하지 않고도 살아갈
수 있는 평온이었단다."

• • •

살아오면서 우리에게 상처를 주었다고 생각했던 많은 이들이 있을 것
입니다. 그들에게 과연 인간적인 마음이나 양심, 자비심이 있었을까 하
는 의심이 들 정도로 그 상처와 아픔은 컸습니다.

　저는 오랜 생각 끝에 어떤 하나의 결론에 도달했는데 그것은 그들
이 자신을 진정으로 아끼거나 소중하게 여길 줄 몰랐다는 것입니다. 그
들 자신에게도 함부로 대하거나 혹은 지나친 자기애로 포장해 다른 모
양의 학대를 하고 있었다는 것입니다. 그들이 존재에 대한 가치를 확인
받거나 사랑을 통해 회복되었을 때, 그들의 자비심을 볼 수 있었습니
다. 그리고 그 경험은 무척 희망적인 단초가 되었습니다. 인간에 대한
회복성, 그 회복성에 대한 가능성, 그 가능성이 주는 희망, 그 희망이
불어넣는 확신, 그 확신이 인간관계에는 평화를 가져다주었습니다.

화해하고
싶다면

타인과의 화해는 자신과의 화해를 통해 개인의 이기심과 욕심 그리고 죄로부터 돌아섬으로써 다른 사람에 대한 박애와 동정의 마음이 생길 수 있는 것이다. 이는 곧 사람들로 하여금 주변 사람들의 필요와 관심에 대해 민감하게 하고, 정의와 존중, 자비와 사랑의 관계를 찾고 키워갈 수 있게 해 준다. 그리고 성경적으로 그 반대의 상황, 즉 다른 사람을 향한 평화가 결과적으로 자기 자신의 평화를 가져오는 경우 또한 많이 강조하고 있다는 것을 기억해야 한다."
-《평화와 화해의 새로운 패러다임》중에서

소통을 할 때 언제가 가장 어려운가를 가만히 생각해 보면, 감정이 부정적으로 증폭되었을 때가 아닌가 하는 생각이 듭니다. 여유 있고 기쁘고 행복할 때는 어지간한 상대의 공격적인 자극에도 웃어넘길 수도 있지만, 화가 나 있거나 짜증이 나 있는 상황에서는 평소 그냥 넘어갈 수 있는 작은 자극에도 화가 나고, 상대에게 공격적으로 대응하게 됩니다. 이를 통해 폭력적인 반응은 상대가 주는 자극에 따라서가 아니라, 우리의 내면 상태에 기인하고 있음을 알 수 있습니다.

다시 말하자면 우리에게는 상대가 공격하는 방식으로 이야기하더라도 평화롭게 상대를 대할 수 있는 힘이 있다는 것입니다. 그리고 그 힘은 폭력적인 방식으로 반응할 때보다 궁극적으로는 비폭력적일 때 더 큰 영향력을 발휘하게 됩니다. 세상이 지금까지 유지될 수 있었던 것은 폭력적인 방식보다는 비폭력적인 방식이 있었기에 가능하며, 한 사회가 지금까지 민주적인 방식으로 움직여 오고 있는 것도 사람들 마음에 있는 자비심 때문입니다. 한 가정이 온전히 유지되는 것은 폭력보다는 비폭력적인 자비에 가치를 두기 때문입니다. 그 안에는 온유함과 너그러움이 있습니다. 짜증을 내고 화를 내다가도 서로 미안해하고 용서하는 과정이 바로 가정을 지탱해 주는 힘이 되는 것입니다.

우리는 화가 날 때 상대를 비난하고 싶은 강렬한 충동이 일어납니다. 그러나 마음은 그저 고통스럽고 외롭고 아픔 느낌만을 받아들일 수 있습니다. 그리고 그런 마음 안에는 사랑이 가득합니다. 그 사랑은 고통과 외로움과 아픔을 수용할 수 있고, 그런 자기 자신을 치유해 줍니다. 그 사랑이 자신을 품어 치유했듯이 더 나아가서는 타인도 수용하고 치유할 수 있습니다.

　마음속의 사랑도 머릿속의 생각과 똑같이 훈련을 통해 단련시키고, 끊임없이 힘을 키워야 합니다. 머릿속의 생각에만 사로잡히면 자신조차도 사랑으로 품어줄 수 없게 되지만, 마음에 머물며 생각해 보면 우주 만물까지도 품에 안을 수 있습니다. 그러면 '용서'라는 말 대신 '이해와 평화'라는 말로 표현할 수 있게 됩니다.

　마셜 로젠버그의 말처럼 우리는 사랑과 연민을 통해 신의 자리에 앉아서 타인을 평가하거나 누군가의 위에서 죄를 사하여 준다며 군림하지 않고, 고통 속에서도 자유롭게 되며 나 자신과 상대까지도 평화로워질 수 있는 것입니다. 다만 지금까지 그것을 사용하지 못하고 살아왔을 뿐, 사랑과 연민에 대해 깊이 깨닫게 된다면 그 어느 누구도 잔인한 방식으로 타인을 대하지 않게 될 것입니다.

　만약 너무 큰 상처를 받아서 머릿속에 복수할 마음이 가득 차 있거나 혹은 자책에 온 힘을 쏟고 있는 상황에 있다면, 마음속의 사랑과 연민을 회복하기까지 조금 더 오랜 시간이 걸릴지도 모르겠습니다. 세상에 단 한 사람이라도 그 사람의 감정과 상황을 공감해 줄 수 있다면, 그는 좀 더 빨리 좀 더 쉽게 그 사랑의 본성을 찾을 수 있을 것입니다. 그가 했던 생각들을 이해해 주고 수용해 주는 사람, 그의 생각에 동의

하지 않더라도 편견이나 판단 없이 함께 머물러 줄 수 있는 사람, 그의 머리가 생각한 것이 아닌 마음이 원했던 것을 찾아주는 사람이 있어야 합니다.

우리는 종종 옳고 그르다는 판단을 해야 한다고 생각하고, 심지어 스스로에게 용서해야 한다고 강요하기도 합니다. 그러나 실제로 그럴 필요가 없습니다. 다만 우리가 스스로 사랑을 되찾고, 상대가 상대의 본성을 찾을 수 있도록 도와주면 되는 것입니다. 지금 우리는 누구에게 그런 단 한 사람이 되고 있습니까?

폭력을 다루는 방식을 더 큰 힘과 폭력을 사용할 것인지, 아니면 온유한 사랑을 기초로 한 비폭력적인 힘으로 안아 줄 것인지에 따라 용서와 이해의 의미가 결정됩니다. 그리고 결국 그것이 하나임을 알게 될 것입니다.

PART 3

서로의 마음이 만나는 시간

Connection

연민^{Compassion}에서 나오는 온유함의 힘은 너무나 놀랍습니다. 온유함의 바탕에는 사랑이 있기에 언제나 스스로 움직이게 하는 힘이 있습니다. 온유함은 내 마음에 들지 않게 행동하는 상대를 바로잡고자 하는 마음을 내려놓게 해 줍니다. 엄청난 재산을 가진 어떤 사람이 "나는 돈을 더 모아야 해!"라는 말을 했을 때, 그를 향해 '저 사람은 참 욕심이 많은 사람이네!'라는 판단 대신 '저 사람은 정서적, 신체적인 안정이 매우 중요해서 재산 축적이라는 방법을 붙잡으며 애를 쓰고 있구나!'라고 생각할 수 있는 것이 상대와의 연결^{Connection}입니다.

언제나 연결되어 있다는 것은 타인에 대해 스스로 판단하고 평가하며 비난에 힘을 쓰는 것이 아니라, 우리의 가슴에서 진정으로 원하는 가치 있는 필요^{need}와 연결되어 있는 것을 의미합니다.

그리움은 만나지 않아도
연결되는 마음이다

　　　　　　　　　　우리 집에서 일을 도와주
시던 전주 할머니. 이게 내가 그녀에 대해 알고 있는 전부다.
밤이면 '이빨 빠진 갈갈이'라는 노래를 불러 주시며 어린 나
에게 팔베개를 해 주시곤 했다. 할머니께서 주시던 눅눅한
강냉이는 내 최고의 간식이었다. 내 방보다 허름한 요가 깔
려 있던 할머니 방, 그 냄새가 나는 참 좋았다. 할머니의 웃
음소리는 허이허이 하며 늘 숨이 차올랐지만, 그 웃음은 다
른 어떤 아름다운 소리보다 날 편안하게 했다. 어릴 땐 몰랐
지만, 내가 틈이 날 때마다 그 방에 들어간 이유는 그곳에는
사랑이 있었기 때문이었다.
종종 할머니께서는 펑펑 우시며 내게 아무런 도움을 못 주

신다며 미안해하셨다.

"불쌍한 것…."

하며 눈물을 닦으시던 할머니는 아홉 살의 나를 그렇게 떠나갔다. 지금도 '전주'라는 곳을 들으면 우리 집에서 일하시던 할머니 생각이 난다.

전주로 떠나시던 그날, 할머니는 내게 곧 돌아온다고 하셨지만 나는 커다랗고 무거운 할머니의 가방을 보고 우리의 영원한 이별을 예감했다. 그리고 그 어린 나이, 아무 말 못하고 할머니를 바라보고 있던 아홉 살 소녀의 내 모습을 기억한다.

나는 또 한 번, 이별을 배웠다. 하지만 수십 년이 지난 지금은 그 이별이 사랑했던 만큼 아름다울 수 있음에 감사한다. 그녀가 나에게 남겨 주고 간 것은 세월이 지나도 잊을 수 없는 사랑이었다.

우리의 가슴에 따뜻하게 퍼져가는 사랑의 온기는 누군가의 가슴으로 소리 없이 흘러간다. 우리는 누구의 가슴에 따뜻한 사랑을 선물하고 있을까. 신이 주시는 최고의 선물, 그것은 사랑이다. 사랑은 이별의 고통도 아름답게 변화시킨다.

그리움은 언제나 우리 마음속에 있습니다. 차가운 겨울바람이 몸을 휘감을 때, 따뜻한 햇살에 눈이 부셔 눈이 스르르 감겨올 때, 어느 여름밤 비 오는 소리가 귓가에 음악처럼 맴돌 때면, 잘 절여진 그리움이 마음에 떠올라 하던 일을 멈추게 됩니다. 그 속에서 우리는 마음의 여행을 떠납니다.

어떤 대상을 그리워한다는 것은 참 슬프지만 한편으로는 무척 행복한 일입니다. 그리고 그런 그리움은 서로 만나지 못하거나, 세상의 반대편에 머물고 있다 해도 서로를 연결시켜 주는 기적 같은 힘이 있습니다. 그래서 누군가가 무척이나 그리운 날은 눈을 감아도 그 사람을 볼 수 있습니다. 눈을 뜨고는 결코 볼 수 없는 것들을, 눈을 감고 볼 수 있는 기적과도 같은 그런 날에는 누구나 시인이 되어 밤하늘에 떠 있는 아름다운 별과 같은 글도 써내려 갈 수 있습니다.

누군가를 그리워할 수 있어서 감사합니다. 어디선가 우리를 그리워할 그 사람도 아마 이와 같은 마음일 것입니다. 우리는 또 누군가를 그리워합니까? 누군가 우리를 그리워하고 있습니까? 마음으로 연결되는 것, 만나지 못해도 연결되는 마음, 바로 그리움의 힘입니다.

안개 속에서
길을 찾다

아름다운 가을 단풍의 끝 무렵입니다. 마지막 가을의 아름다움을 느끼고 싶어서 강원도의 한 작은 집에 머물렀습니다. 하루 종일 집에 있다가 운전을 하고 근처 마을에 저녁 식사를 하러 가는 중이었습니다. 갑자기 내리는 비 때문에 안개가 자욱하게 깔리기 시작하더니 금세 한치 앞도 보이지 않는 안개가 거리에 꽉 차기 시작했습니다. 차들은 저마다 비상등을 켜기 시작했고 저도 낯선 지방 길에서 비상등을 켜며 몸을 앞으로 내밀어 운전대를 바짝 잡고 살살 운전을 했습니다.

삼거리에 서 있을 때 자욱한 안개를 카메라에 한 컷 담고, 직진을 하려던 순간 한 차가 좌회전을 하며 제 앞을 지나갔습니다. 비상등도 켜지 않은 터라 저는 그 차를 보지 못했고 급브레이크를 밟았지요. 아차! 싶었습니다. 조금만 늦었다면 그대로 큰 사고가 날 뻔 했습니다.

순간적으로 너무 놀라고 기분이 불쾌해졌습니다. 그러나 안개 때문에 그 차를 째려볼 틈도 없이 시선을 앞으로만 고정하고 운전을 계속 했습니다. 운전을 무사히 마치고 숙소로 돌아와서 뿌연 안개 속의 신호등 앞거리를 찍은 사진을 물끄러미 바라보았습니다. 사진을 가만히 바라보고 있노라니, 안개도 참 아름답다는 생각이 듭니다. 그런 생각이 몸을 이완시키고 마음의 여유를 되찾도록 도와주었습니다.

어느새 자연스럽게 비상등을 켜지 않은 채 제 앞을 지나갔던 그 차의 운전자에게도 연민의 마음이 느껴집니다. '비상등 켜는 것을 깜빡했나? 뭐 급한 일이 있었나? 조심해서 안전하게 목적지까지는 잘 갔을까?'

· · ·

짧은 이 경험을 통해 인생에 대해 생각해 봅니다. 우리는 항상 예측을 하며 살아가려고 합니다. 어떤 계획을 세우고 준비를 하며 시간을 계산하고, 그 후에 생길 일까지도 고려합니다. 계획대로 될 때는 안도감을 느끼고 안정감과 성취감을 맛보게 되지만, 종종 계획대로 되지 않을까 봐 걱정하고 불안해하기도 합니다. 왜냐하면 비상등을 켜지 않은 채 앞으로 휙 지나가버렸던 그 차처럼, 언제나 예기치 못한 상황들이 생길 수 있기 때문입니다.

집을 마련하기 위해 열심히 저축했는데 배우자의 보증으로 그 목돈이 한 순간 사라지기도 하고, 평생을 함께 살고자 했던 배우자가 사고로 죽을 수도 있고, 건강하던 몸에 큰 병이 생겨서 평화로웠던 일상생활로부터 멀어지게 되기도 합니다. 이렇게 큰 사건들이 아니어도 아이가 유치원에서 다치는 바람에 회사에서 미팅을 하던 중에 난감한 일도 있고, 오늘까지 송금되기로 한 월급이 회사 사정상 입금되지 않아 난처해지는 경우도 있습니다. 모처럼 여행을 가서 이곳저곳 돌아다니려고 준비했는데, 폭설로 꼼짝없이 숙소에만 있어야 하는 일도 있습니다. 이처럼 열심히 준비하고 계획을 세우며 살아가지만 삶은 우리의 계획대로만 되지 않습니다. 예측할 수 없기에 우리는 더 많은 대안과 해결책을 마련하느라 애를 씁니다. 때론 두려운 마음에 뒷걸음치기도 하고 눈을 감아 버리기도 합니다. 그럼에도 불구하고 안개가 자욱한 날에도 그 안개를 뚫고 천천히 지나가야 하는 것 같이 인생의 안개 속에서도 앞으로 조금씩 전진하며 나아가야 합니다.

인생의 안개 속에서 어떻게 길을 찾아가고 계십니까? 한치 앞도 보이지 않고 예측되지 않는 삶의 고비를 어떤 마음으로 만나고 계십니까? 도대체 이런 상황에선 어찌하면 좋습니까?

시인 Rumi는 "여인숙"이라는 시에서 이런 표현을 했습니다.

인생이라는 여인숙에는 매일 아침 손님들이 찾아온다.

그 손님들이 설령

그대의 집을 난폭하게 쓸어가 버리고 가구들을 몽땅 내어가더라도

각각의 손님들을 존중하라.

그들은 어떤 새로운 기쁨을 주기 위해

그대를 청소하는 것인지도 모르니까.

예기치 못한 안개와 당황스러운 상황들, 그로 인한 두려움과 어려움은 우리 삶에 찾아온 손님입니다. 더 이상은 눈을 감지 맙시다. 귀를 막고 주저앉지 맙시다. 이 손님들을 기꺼이 맞이합시다.

삶의 고비들은 언젠가 걷히는 안개처럼 분명 지나갈 것입니다. 하지만 그 고비를 회피하며 수동적으로 지나가기만을 기다리라고 말하고 싶지 않습니다. 눈을 뜨고 귀를 열고 우리 의식을 깨워 정면으로 바라보자고 말하고 싶습니다.

자, 이 인생의 한 고비를 지나는 우리가 지금 바라는 것은 무엇입니까? 우리가 느끼는 감정이 진정으로 원하고 있는 '욕구'에 집중하십시오. 경제적인 안정입니까? 혹은 신체적인 건강입니까? 도움이 필요합니까? 평온함이 중요합니까? 아니면 무엇입니까? 두려움과 불안에 압도되어 어두운 생각 속에 주저앉지 마십시오. 두려움은 옷장 속 괴물처럼 막상 그 안을 열어 보면 아무것도 없는 허상의 존재입니다. 다만 그 감정 뒤에 우리가 원하는 것이 무엇인가를 찾는 노력이 매우 중요합니다. 그리고 그것을 이루기 위해 노력할 필요가 있습니다. 그것이 바

로 삶에 찾아온 고비를 즐기는 방법입니다.

죽음과 같은 고통이 삶에 찾아왔다면 내가 느끼고 있는 그 감정을 잠시 바라보십시오. 그 감정이 당신에게, 무엇이 필요한지 말해 줄 것입니다.

안개가 말합니다.

"나는 당신의 눈을 가리는 존재가 아니라, 당신이 무엇을 원하는지에 집중할 수 있게 해 주는 존재입니다. 내가 당신이 나아갈 길을 두렵게 한다고 생각된다면, 두려움 속에 당신이 원하는 것이 무엇인지 찾으십시오. 그리고 그것을 이루기 위해 노력하십시오."

당신에게 찾아온 삶의 고비에서 당신이 원하는 것이 무엇인지를 찾는 일에 집중하고, 그것을 찾아 당신의 온 힘을 다하며, 원하는 것을 이루기 위해 노력해야 합니다. 이제 눈물을 닦고 안개 앞에 서십시오. 의식을 모아 한 발 한 발 걸어가십시오. 안개 속에는 분명 우리가 원하는 그 길이 있습니다. 그 길은 분명히 희망입니다.

감사는 풍요로운
삶으로 안내한다

아침에 아이가 준비물을 놓고 학교에 간 것을 발견하고, 전력 질주로 달려 아이를 쫓아가 봅니다. 쫓아가는 동안 저는 어느새 어린 시절 이어달리기 대회에 나간 소녀가 되어 있었습니다. 심장이 터질 것 같이 요동을 치고, 차가운 가을공기가 제 입을 관통해 폐 속까지 깊이 들어옵니다. 땀이 송글송글 맺힌 이마와 뛰다 멈추었을 때 가빠진 숨을 느껴보니 저절로 눈이 감깁니다.

운동회에서 이어달리기에 나가면 아무것도 생각하지 않았습니다. 오로지 앞에서 나를 기다리고 있는 또 다른 친구의 손을 향해 뛰어갈 뿐입니다. 내 손아귀에 있던 바통을 그 친구의 손에 쥐어 주고 나면 털썩 주저앉습니다. 그제야 친구가

달리는 모습을 바라보며 잘 달려가 주기를 마음으로 힘껏
응원하며 기도합니다. 그뿐입니다. 그게 전부입니다.

● ● ●

언제부터인지도 모르게 우리의 머릿속은 수많은 생각들로 채워지고 있
습니다. 그 생각들은 고민과 걱정, 오해와 판단들로 가득 차 힘겹고 복
잡한 삶을 살도록 만들고 있습니다. 그래서 고마운 이에게 고맙다고 말
할 때에도 오해가 되진 않을까 고민하고, 가까운 이의 결혼이나 생일
등 축복해 주어야 하는 순간에도 얼마를 부조해야 체면이 서는지부터
계산하며 바쁘게 움직이고 있습니다. 이것은 참 슬픈 일입니다.

행복하고 기쁜 순간도 충분히 마음으로 느끼며 살아가지 못하고
있습니다. '축의금은 얼마를 해야 하지?', '명절인데 선물 안 보내면 예
의가 아니잖아?', '저 친구는 나보다 노력도 안 한 것 같은데 어떻게 합
격했지?', '내 생일에 선물도 못 받았는데 나는 꼭 선물을 갖고 가야 하
나?', '가까운 사이도 아닌데 이 정도만 주면 되는 거 아니야?', '내가
고맙다고 하면 다음에도 이렇게 해 주겠지?', '내가 선물을 주면 아부
한다고 욕을 먹으면 어쩌지?'

애써 웃지 마시길 바랍니다. 억지로 베풀지 않기를 바랍니다. 다시
는 상대 앞에서 감사하다고 말한 후 뒤돌아서서 한숨지으며 고개를 떨
어뜨리지 마십시오. 고맙다고 말하며 상대를 내 뜻대로 조종하려고 하
지도 마십시오. 더 이상은 가슴에서 우러나오지 않는 마음으로 고마움

을 표현하지 않아야 합니다.

마음에서 우러나와 감사를 표현하지 못하고, 머리에서 계산되어 표현하고 상대를 대하면, 상대도 그런 의도를 알아차리고 우리에게 진심으로 감사하지 못하게 됩니다. 뿐만 아니라 우리도 기쁘거나 행복하지 못하고, 찝찝하고 불편한 마음을 갖게 되며 때론 그런 자신을 가식적이며 나쁜 사람이라고 비난하기도 합니다. 또한 상대가 무언가를 베풀거나 주었을 때, 신뢰할 수 없기 때문에 상대의 마음을 온전히 받지 못하게 되고, 이런 관계에서는 진정한 감사의 에너지가 피어날 수 없습니다.

이것이 참 마음 아픕니다. 우리는 모두 신으로부터 부여 받은 사랑을 갖고 있습니다. 우리가 나쁜 사람이어서 상대를 진심으로 축하하고 감사하지 못하는 것이 아니라, 그동안 학습해 온 비교, 평가, 판단, 내적 강요와 같은 것들이 우리 마음을 가로막고 있기 때문입니다. 애써 웃지 않아도, 억지로 베풀고 감사를 표현하지 않아도 충분히 존재 그 자체로 아름답다는 걸 알아야 합니다. 우리 존재의 아름다움부터 느끼기를 원합니다. 그리고 난 후에 주변을 보기 바랍니다. 그런 아름다운 마음으로 주변 사람들과의 관계를 돌아보길 원합니다. 모든 것을 내려놓고 손에 '바통'을 쥐고 앞만 보고 달리던 그 소녀처럼 하나만 바라보기 바랍니다. 상대의 행동 덕분에 충족된 나의 'need'(욕구), 그것만 바라보는 겁니다.

친구가 좋은 책을 선물해 주었다면 '나는 다음에 뭘 줘야 하지? 받앗으면 뭔가 되돌려 줘야 하는데.'라고 생각하며 "고마워, 내가 커피 살게!"라는 말 대신 "정말 고마워, 뭔가 배우고 성장하고 싶었는데 이 책덕분에 그럴 수 있을 것 같아. 내가 배우고 성장할 수 있도록 해 주어서 정말 고마워!"라고 말하면 좋겠습니다.

친구를 도와준 아이에게 "정말 착하다."라는 말 대신 "정말 고마워, 엄마는 네가 사람들을 도우면서 살아가는 걸 보고 싶었는데 네가 친구를 돕는 걸 보니 안심이 돼. 정말 고마워!"라고 말해 주기 바랍니다.

선생님께서 "아이가 오늘 청소를 참 깨끗하게 하고 갔네요!"라고 칭찬해 주시면 '이거 학교에 뭐라고 들고 가서 고맙다고 해야 하나?'라는 생각 대신에 "감사합니다. 저는 아이가 학교에서 인정받고 사랑받으며 생활하길 바랐는데 선생님의 그 말씀을 들으니 정말 안심이 되고 좋네요. 감사합니다!"라고 말할 수 있었으면 합니다.

고마우면 그것이 왜 고맙게 느껴지는지, 그 행동으로부터 충족되는 나의 욕구를 살펴보고, 그 욕구와 고마움에 대해 가슴으로 표현하기 원합니다.

이렇게 감사를 표현했을 때 상대방과 깊이 연결될 수 있습니다. 상대는 우리의 욕구를 충족하는 데 기여했음을 뿌듯해 하고, 그 감사에는 서로가 마음으로 기꺼이 주고받는 행복이 있습니다. 그 과정에는 어떤 계산도, 상대를 조종하려는 의도도, 무언가를 기대하는 바람도 없습니다. 그저 가슴으로 느끼고 내 욕구를 충족하는 데 큰 기여를 해 준 상대에게 그 고마움을 표현했기 때문입니다.

지금 여러분 곁에서 그런 기여를 해 준 사람들에게 말해 주십시오. 머리는 비우고, 가슴은 사랑이라는 바통 하나만 간직하고 말입니다.

"당신의 행동 덕분에 저에게 중요한 어떤 것이 채워졌습니다. 당신께 가슴 속 깊은 감사함을 드립니다."

감사는 서로의 인생을 좀 더 행복하고 풍성하게 해 주고 싶은 마음으로 주고받는 기쁨입니다. 그 기쁨 사이에서 서로가 깊이 연결되는 것을 경험할 수 있을 것입니다.

Say "No!"

　　　　　　나는 항상 형에게 양보하며 늘 인내해 왔고, 우리 부모님은 "참 착하다. 잘 참고 형에게 양보도 잘 한다"라고 종종 말씀하셨다. 손해 본다는 생각과 억울하다는 생각이 불쑥 불쑥 올라왔지만 부모님께 들어온 이 말이 꽤 매력적인 보상이었기에 나는 무조건 인내하고 부모님의 뜻에 "네"라고 따르며 형에게 양보하며 살았다.

부모님은 어느덧 "넌 늘 혼자 잘하니까"라고 말씀하시며, '늘 부족하고 요구하는 것이 많은 형'에게 관심을 쏟으셨다. 아파도 병원에 혼자 가고, 졸업식도 혼자 다녀오기도 했던 나는 가끔 유난히 서운하고 억울하기도 했지만 자동적으로 '네가 참아'라고 말하는 내 안의 또 다른 목소리에 눌려 나의 이런 감정을 눌러놓았었다. 성인이 되어서도 모든 사람에게 나의 욕구를 표현하지 못하고 자제했으며, 거절하지 못하고 무조건 참고 인내하는 것이 익숙해져 버렸다.

이제는 사랑하는 아내와 아이들도 나에게 끝없는 인내를 요구한다. 어느 날 문득, '내 삶이 어디로 가고 있는가? 나는 행복한가?'라는 생각에 빠지게 된 나는 '내 삶의 주인이 누구였던가?'라는 의문 앞에서 알 수 없는 오열의 눈물을 쏟아내고 말았다. 모든 것이 늦어버렸다는 생각이 들고 억울함이 치밀어 올라와 감당할 수 없이 고통스러웠다. 그러나 가족들은 변해버린 내가 이상하기만 하고, 다시 예전의 나로 돌아오기만을 바랐다. 그들에게는 요구하는 것을 잘 수용해 주었던 내가 편했으니까.

나는 진정으로 내 삶을 애도하고 자유로워지기를 선택했다. 그리고 나서야 진정으로 가족들과 다시 연결될 수 있었다. 서로를 보살필 수 있는 방식으로 소통하면서 말이다.

● ● ●

저는 거절하는 것이 무척 어려웠습니다. 어떤 때는 마음이 약해져서, 때로는 불이익을 당할까 봐, 다른 사람이 힘들어 하는 걸 보지 못해서, 사랑과 인정을 받지 못할까 봐 때로는 원치 않아도 거절하지 못하고 의무감으로 그 일을 하기도 했습니다. 그렇지만 이제는 거절의 진정한 의미를 되새길 수 있게 되었고, 건강하게 거절할 수 있는 힘을 얻게 되었습니다.

거절이란 두려움이나 수치심, 죄책감에서 해방되어 상대에게 내가 무엇을 원하는지 솔직하게 표현하는 일입니다. 상대에게는 "NO!"를 말하지만, 그것은 대화의 단절이 아니라 서로가 원하는 것을 이해하고 충족하기 위해 대화를 주고받는 과정으로 연결되는 "NO!"입니다. 이 사실은 우리에게 거절할 수 있는 용기를 줍니다.

"착하다. 너는 참 잘 참는구나!" 이 말은 개인적으로 너무나 슬픈 느낌으로 다가옵니다. 이 슬픈 감정은 '힘을 상실한 체념'에 기초한 '어쩔 수 없는 복종' 그리고 '상대만을 위한 희생'과 연결되기 때문입니다. 체념에서 오는 '무기력함' 그리고 희생과 복종의 결과로 올라오는 '내면의 분노감'은 어떤 의식 없이 그대로 억눌려져 가슴에 담아두게 됩니다. 거절함으로써 생길 수 있는 갈등을 피하기 위해 희생과 복종을 선택한 대가입니다.

많은 사람들이 오랜 세월을 이렇게 살아왔습니다. 그리고 이것이 잘 살아가는 것이라고 생각했습니다. 적어도 주변 사람들에게는 '좋은 사람'으로 받아들여졌을 겁니다. 이것은 고통을 제대로 바라보지 않고 그대로 억눌러온 대가로는 꽤 달콤하고 가치 있는 보상이기도 했습니다. 그런데 누를수록 강하게 튀어 오르는 용수철처럼 가끔 어처구니없이 사소한 일에도 분노감이 폭발하는 '반응의 오작동'이 발생합니다.

'내가 왜 별일도 아닌 것에 이렇게 화를 낼까?' 라는 반응의 오작동은 우리의 욕구에 귀를 기울이고 상대를 향해 건강하게 "NO!"를 표현하라는 신호입니다.

정말로 휴식이 필요할 만큼 몸이 피곤한데, 누군가가 도와달라고 부탁합니다. 이때 상대의 도움을 채워 주기 위해 우리가 원하는 휴식을 취하지 못하고 몸을 돌보지 못한다면 피곤하고 억울해지며 즐거운 마음으로 해 줄 수도 없습니다. 마샬 로젠버그는 우리가 용기를 내어 원치 않을 땐 "No!"라고 말할 수 있어야, 다른 기회에 "Yes!"를 말할 때에도 그것이 진정한 "Yes!"임을 서로가 믿을 수 있기 때문에, 솔직함에 기반을 둔 인간관계를 유지할 수 있게 된다고 말했습니다. 저는 이 말이 매우 신선하게 느껴졌습니다. 그리고 진정으로 상대를 위하는 마음으로 해 줄 수 있을 때 "Yes!"하는 것이 상대를 위하는 일이라는 확신이 들었습니다.

내가 거절하더라도 상대는 자신의 필요를 채울 다른 방법을 찾을 능력이 있습니다. 내가 모든 것을 다 해 주어야만 한다는 생각, 참더라도 희생하며 응해 주어야 한다는 생각은 자신을 우울하게 만들 뿐입니다. 내가 아니더라도 스스로가 원하는 것을 얻을 수 있는 상대의 능력을 믿고, 내가 진정으로 원하는 것을 선택해 응할 수 있는 힘을 믿으며, 상대의 요청을 충족할 수 있는 다른 방법을 함께 고민해 주는 것이 건강한 거절 방법입니다.

솔직하게 말해 보십시오. "나는 지금 그것보다는 다른 OO를 하기

170

를 원해. 그러면 저 사람의 필요를 충족할 수 있는 다른 방법이 뭐가 있을까? 저 사람의 필요가 충족되는 것도 나에겐 매우 중요해."라고 말입니다. 내면이 원하는 것에 대해 귀를 기울일 수 있을 때에야 비로소 상대의 간절한 바람도 돌아볼 수 있습니다.

Listen
"No!"

　　　　　　　　　　허리가 좀 아플 때였다. 나
는 일을 하고 있었고 아들은 스마트 폰으로 게임을 하고 있
었다. 나는 아들에게 물 한 잔을 떠다 달라고 부탁을 했다.
아들은 "지금은 싫어요!"라고 말했다. 나는 그 말을 듣는 순
간 감정이 확 상했다. 정확하게는 '무시당한다는 생각'이 들
었고, 어떻게든 버릇을 고쳐 주고 싶어졌다. 내가 자기를 위
해 희생하고 헌신하는 것이 얼마나 많은데 그 정도도 못해
주나 하는 생각이 들어 괘씸한 마음이 가득 차올랐다.
　그러나 다시 생각해 보았다. 이것이 처음부터 강요였는지
부탁이었는지. 아들이 거절을 한 것은 '물을 떠 달라'라는 나
의 요구였지, 부탁을 한 엄마라는 존재를 무시하거나 거절

한 것은 아니었다. 나는 아들의 거절을 나에 대한 것으로 받아들이고 있다는 것을 알아차렸다. 그러고 나니 아들이 거절한 이유가 무엇인지 생각할 여유가 올라왔다. 아들은 지금 하던 게임을 집중해서 하고 싶을 뿐이었다.

아들에게 말했다.

"지금 게임하는 게 너무 재밌어서 움직이기 싫구나?"

아들은 나의 말을 듣고는 나를 잠시 쳐다보았다. 그리고 나는 물을 떠올까 고민하다가 급하지 않다는 생각이 들어서 그냥 내가 하던 일을 했다. 잠시 후, 아들이 일어나서 방으로 들어가며 물어보았다.

"엄마, 물 지금이라도 드실래요?"

나는 아들을 보면서 말했다.

"고마워. 허리가 좀 아파서 도움이 필요했거든."

내 말을 들은 아들은 미소를 지었다.

● ● ●

상대의 거절과 우리 존재의 가치를 분리할 수 있어야 합니다. 상대의 행동을 강요할 그 어떤 권리도 없음을 자각하고, 거절하는 상대가 그 순간 원하는 것이 무엇인가를 볼 수 있어야 합니다. 상대가 부탁을 거절했을 때, 상대를 대하는 방식이나 마음을 보면 우리 자아가 얼마나 건강한지 알 수 있습니다. 내면이 의존적이고 온전하게 바로 서 있지 못할수록 상대에게 많은 것을 기대고 집착하며 의존하게 됩니다. 그 사람이 아니면 삶이 행복하지 못할 것이라는 생각과 반드시 그가 이 정도는 해 주어야 한다는 강요 의식은 상대를 옭아매게 됩니다.

중요한 것은 상대도 우리처럼 자신의 행동을 선택할 수 있는 자유를 원한다는 사실입니다. 부모와 자식, 직장 내 부하와 상사, 동료, 친구, 사제지간, 종교적인 관계 등 다양한 관계와 역할이 있지만, 그보다 항상 우선해야 할 것은 자신과 상대의 고유한 존재와 그 존엄성입니다. 나에게도 언제나 자율성과 자유로운 선택에 대한 존중이 중요한 것과 같이 상대에게도 똑같은 욕구가 있는 것입니다. 그러나 이 사실을 마음으로 받아들이는 것은 참 쉽지 않습니다.

마셜 로젠버그는 우리의 중요한 부탁에 상대가 "NO!"를 외친다면, 그는 자신의 중요한 욕구를 돌보기 위해 "YES!"하는 것이라고 말했습니다. 거절당했을 때 이 말을 상기해 보면, 상대에게 가졌던 서운함이나 분노가 좀 가라앉고 상대를 존중하는 데 도움이 될 것입니다. 또한 내가 거절당한 것이 아니라 단지 내 부탁을 거절한 것뿐이라는 사실을 받아들일 수 있게 됩니다.

상대에게 2시간을 도와달라고 부탁했을 때 거절당했다면, 상대는 자신에게 중요한 휴식이나 또 다른 필요를 위해 스스로에게 "YES" 한 것이라는 말이 됩니다. 우리는 꼭 그 사람이 아니어도 된다는 사실을 스스로에게 상기시킬 필요가 있고, 우리가 선택할 수 있는 방법은 매우 다양하다는 사실을 깨달아야 합니다. 이를 통해 죄책감과 두려움, 수치심을 느끼게 해서라도 상대를 움직이게 하려는 생각으로부터 벗어날 수 있습니다. 그런 생각으로부터 벗어날 때 매우 창조적으로 살 수 있으며 진정으로 건강하게 살아갈 수 있습니다.

상대의 거절을
건강하게 받아들이고
상대의 가슴 속 욕구가
무엇인지를 알 수 있을 때
우리는 성숙해집니다.

또한 그런 성숙은 우리의 욕구를 다른 방식으로 충족하도록 도와줍니다. 상대의 거절을 편안하게 받아들일 수 있을 때 우리의 욕구는 건강한 방식으로 충족될 가능성이 높아집니다.

인내는 무조건
참는 것이 아니다

　　　　　　　　나는 부모님께 걱정을 끼치고 싶지 않았다. 형이 일으키는 문제만으로도 아버지는 담배를 연신 피워대셨고 어머니는 많은 눈물을 흘리셔야 했기에 나는 많은 것을 희생했고 참아야만 했다. 그것을 나는 사랑이라고 믿었다. 그리고 부모님에 대한 도리라고 믿었다.

그러나 내가 성인이 되어서 결혼을 하고 한 여자의 남편이 되었을 때, 그것은 또 다시 되풀이 되고 있었다. 나는 또 다시 인내하고 희생해야만 했다. 그것이 평화로운 가정을 위해 내가 할 수 있는 유일한 일이었기 때문이다. 왜냐하면 나는 긴 세월 인내하며 침묵했을 뿐, 억누르는 것 외에는 내 자신을 표현할 그 어떤 방법도 배우지 못했기 때문이다. 하

지만 나의 인생, 40년이 넘는 그 시간을 그렇게 살아온 것이
너무나 허탈하고 허무하다.

● ● ●

우리도 이렇게 가까운 이들과의 원만한 관계를 유지하기 위해 침묵하
며 입술을 굳게 깨물고 견뎌온 시간들이 있습니다. 우리는 그것을 인내
심이라고 말합니다. 인내심은 신이 우리에게 요구하는 중요한 덕목이
기도 하기에, 무조건 입을 다물고 눈을 감고 귀를 닫은 채로 시간이 지
나가기를 기다렸습니다. 하지만 그 덕분에 또 다시 체념과 복종 그리고
희생의 굴레에서 허덕여야 했습니다. 그리고 우리를 '인내하게 만든'
상대에게 '폭력의 정당화'라는 것을 선물로 주었습니다. 상대는 이제
당당하고 죄책감 없이 폭력을 사용할 수 있게 되었습니다. 가족들이 더
욱 더 그 남자에게 인내를 강요하고 희생하게 만든 것과 마찬가지로 말
입니다.

인내심은 삶을 좀 더 평화롭고 아름답게 가꾸어 주기 위해 신이
선물해 주신 중요한 에너지입니다. 인내심을 통해 인생에서 중요한 가
치를 배우기도 하고, 실질적인 이익을 성취하기도 하고, 인간관계의 평
화를 경험하기도 합니다. 따라서 어떤 불편한 감정이 생겼을 때, 잠시
그 자극에서 멀어져 인내의 시간을 가질 필요가 있습니다.

그러나 인내를 하는 이 시간은 말 그대로 무조건 참기만 하는 수
동적인 과정이 아닙니다. 부정적인 감정의 메시지를 무시하고, 상대에

게 무조건적으로 복종하는 시간이 아닙니다. 상황을 평가 없이 그대로 관찰하고 바라보며, 귀를 열어 내면의 목소리를 경청하고, 내면이 원하는 것을 찾아나가는 것. 그렇게 연민을 갖고 마음을 다해 나와 상대를 이해하는 과정으로 나아가기 위해 준비하는 시간이어야 합니다.

다시 말해 인내의 시간은 내면과 깊이 연결하는 시간입니다. 자신이 무엇을 원하고 있는지 그 간절함을 보는 시간입니다. 또 '나와 상대를 이해하고 새로운 선택을 할 수 있는' 시간을 말합니다. 이런 인내의 시간을 통해 우리가 원하는 것이 무엇인지를 정확히 알 수 있고, 자극을 주었던 상대가 원하는 것도 추측할 수 있게 됩니다. 그리고 왜 상대가 그러한 방식으로 표현했는가가 궁금해지며, 진정으로 관심을 갖고 상대에게 다가갈 수 있게 됩니다. 그 후에 보이는 행동은 명백하고도 분명한 '나의 선택'이 될 수 있습니다. 앞의 사례에서 동생이 무조건적으로 참는 것이 아니라 자신의 목소리와 감정에 귀를 기울이는 데에 인내의 시간을 사용했더라면 마흔 살이 넘어서까지 '무조건 참는' 방식으로 살아오지 않았을지도 모릅니다. 그분의 삶을 애도하며 위로하고 싶습니다.

분주한 움직임들에게서 떨어져 고요히 머물며 의식에 초점을 맞추고 내 안을 들여다보는 시간, 그것이 인내의 시간입니다. 이 소중한 시간을 통해 일차적으로는 상대와의 갈등을 잠시 멀리할 수 있고, 이차적으로는 상대와 다시 진심으로 연결될 수 있습니다. 내가 원하는 것이 무엇인가를 명확하게 바라볼 수 있는 '자기와의 연결'을 확보하고, 이를 통해 상대를 존중하는 방식으로 표현할 수 있는 방법을 배울 수 있게 됩니다.

인내심이 주는 선물은 이렇듯 무조건적인 복종이나 의무적인 희생이 아니라 나의 바람과 상대의 바람에 바탕을 둔 '나의 선택'입니다. 그동안 참아왔던 수동적인 인내의 결과물들을 내려놓고 그 슬픔을 애도하며 다시 바라보기를 제안합니다. 그리고 앞으로의 삶에서도 우리를 찾아올 그 '인내의 시간'을, 당신의 인생을 풍요롭게 해 줄 에너지로 사용할 수 있기를 기도합니다.

이름표 떼고
만나기

오늘 우리의 이야기들 속
에서 당신은 눈물을 보였고, 한숨을 쉬었고, 환하게 미소를
지었으며 당신의 이야기를 들어주어 감사하다는 표현을 했
습니다. 물론 당신에게는 여전히 당신의 고통이 남아 있고,
그 고통은 앞으로도 당신과 함께 인생 속에 머물겠지요.
그러나 나에게 의미가 있는 것들은 바로 이런 것. 당신이 나
의 손을 잡고, 나의 얼굴을 바라보고 미소와 눈물을 보이며
우리의 '관계'에서는 상식적으로 여겨지지 않는 어려운 이야
기를 털어놓는 것. 이것이 나에겐 의미가 있습니다. 왜냐하
면 이것이 우리가 '존재로서의 만남'을 시작했다는 뜻이기
때문입니다. 우리가 드디어 '관계를 넘어서' 만나기 시작했

다는 것. 진정으로 연결된 만남의 신호로 나는 생각합니다.

함께 나누었던 대화 속에서 당신이 안도함을 느끼고, 걱정도 두려움도 없이 서로를 마주하고 있던 오늘, 나는 또 한 번 배우고 경험했습니다. '관계나 역할'을 넘어서서 '존재'로서 만날 수 있다는 사실을. 그리고 이러한 '존재로서의 만남' 속에선 편견과 비난, 옳고 그름을 규정짓는 모든 생각들이 맥없이 녹아버린다는 것을.

● ● ●

우리는 하루에도 수많은 사람들과 만납니다. 그중에는 새로운 사람도 있고, 늘 익숙하게 보는 사람도 있을 것입니다. 다양한 만남 속에서 우리는 종종 다른 사람이 하는 말과 행동을 듣거나 볼 때, 옳고 그름이나 역할에 따른 의무와 도덕주의적인 판단 등에 사로잡힙니다. '며느리니까 이렇게 해야지.', '선생님인데 그러면 안 되지!', '교인이니 교인답게 행동해야지!', '속상해도 그렇게 말하면 예의가 아니지.' 등등.

그러나 이런 생각으로부터 자유로워질 수 있을 때 존재로서의 만남을 이룰 수 있게 됩니다. 다시 말해 '존재로서의 만남'이란, 어떤 역할이나 규정짓는 모든 꼬리표 즉 직업, 성별, 나이, 소유한 재산, 사회적인 위치, 신분 등을 모두 내려놓고 인간 그 자체로서의 만남을 뜻합니다.

이런 기준들을 내려놓는다는 것은 매우 어려운 일입니다. 왜냐하면 우리는 아주 어려서부터 자신의 가치관과 부합하지 않는 타인의 행동은 나쁘다고 생각하거나 부정적으로 판단해 왔고, 이런 도덕주의적 판단이 매우 중요하다고 배워왔기 때문입니다. 그래서 '예의 바른 사람', '착한 사람', '버릇없는 사람', '무례한 사람', '이기적인 사람'과 같은 수식어를 붙이고 상대를 평가하는 데에 익숙해져 버렸습니다. 그러면서 우리도 모르는 사이에 상대에게 이런 꼬리표와 수식어들을 붙이는 것이 습관화되었고, 동시에 자신도 '좋은 수식어'가 붙은 사람으로 보이기 위해 노력하고 스스로를 포장하기도 합니다. 그 많은 화려한 겉옷들을 벗으면 그 안에는 '아주 작고 어린 나의 모습'이 있습니다. 우리는 그런 모습을 보이지 않기 위해 노력하고, 동시에 상대방에게도 그래야 한다고 암묵적으로 강요합니다. 그러나 이런 도덕주의적인 판단은 진정한 인간관계를 맺어가는 것, 즉 존재로서의 만남을 방해하는 요소가 됩니다. '어떻게 보이기 위해' 혹은 '도리상 그래야만 한다'는 생각으로 서로를 대하게 되면 상대방에게 진술한 나를 보여 줄 수 없기 때문입니다. 그러한 인간관계는 생명력을 상실한 메마른 관계가 됩니다.

엄마이기 때문에, 며느리이기 때문에, 사장이기 때문에, 부하이기 때문에, 학생이기 때문에 해야만 했던 행동과 말에서 벗어나 한 인간인 '나'로 대할 수 있다면, 그들 또한 그러한 우리를 수용해 줄 수 있고, 우리 또한 그들을 있는 그대로 바라볼 수 있다면, 그 안전하고 풍요로운 공간에서 마음껏 서로의 마음을 나눌 수 있게 될 것입니다. 그것은 '규칙도 원칙도 없는 무질서한 관계'가 아닌 '존중과 배려가 숨 쉬는 자율적인 관계'이며, 이러한 존재로서의 만남을 통해 마음 안에 있던 사랑과 연민을 발견할 것이고 그 힘으로 상대방과의 진정한 연결을 경험하게 될 것입니다.

진정한 연결은 공감의 문을 여는 열쇠가 됩니다. 왜곡되어 바라보는 편견도 없고, 역할을 규정지음으로써 우리를 속박하고 있던 죄책감과 비난도 없는 그런 만남을 이루어가길 바랍니다. 누구를 마주하든 상대의 눈에 흐르는 그 하염없는 눈물의 의미를 가슴으로 느껴줄 수 있는 관계를 경험하길 바라고, 인간이라는 나약함을 인정하고 서로를 연민으로 보듬어 줄 수 있는 만남이 되기를 희망하며, 서로의 상처를 그렇게 어루만져 줄 수 있는 사이가 되기를 기도합니다.

저는 그것을 존재로 만나는 친구라고 말하고, 그런 친구를 삶의 동반자라 부르고 싶습니다. 당신 삶의 동반자는 누구입니까? 당신은 누구에게 삶의 동반자가 되어 주고 있습니까?

불안
다스리기

"당신이 우울하다면 당신은 과거를 살고 있는 것이다. 당신
이 불안하다면 당신은 미래를 살고 있는 것이다. 당신이 평
화롭다면 당신은 현재를 살고 있는 것이다." - 노자

• • •

"너 커서 뭐가 되려고 그래?" 한 어머니는 아이에게 이렇게 말했습니
다. 이 말은 모두에게 친숙한 말일 것입니다. 보통의 부모들은 아이를
다그치거나 야단칠 때, 앞으로 아이가 이런 행동을 고치지 못하면 생기
게 될지 모르는 다양한 일들을 머릿속에 떠올리며 불안해합니다.

　그렇게 자란 아이가 자라서 직장에 들어갑니다. 함께 입사했던 동
기가 먼저 대리가 되었습니다. 그때부터 아이의 목적은 동기처럼 대리

가 되는 것입니다. 대리가 되자 이번에는 다른 동기가 과장이 되었습니다. 안심을 하기도 전에 다시 불안해집니다. 빨리 과장이 되고 부장이 되어서 동기보다 앞서 나가지 못하면 뒤처지고, 조직에서 인정받지 못할 자신의 모습이 그려집니다.

이렇듯 불안이라는 감정은 작은 일부터 크게는 삶 전체를 흔들어 놓습니다. 불안이라는 감정, 그것은 겉으로는 담담한 척 애를 써도 친구의 성공이나 이웃의 축하할 일에 돌아서서 깊은 한숨을 내쉬게 하는 감정입니다. 내면에서 휘몰아치며 태풍처럼 모든 것을 헤집어 놓고 침착함을 빼앗아 가 버립니다. 불안이 마음속에 수시로 올라와, 앞에 놓인 상황을 제대로 관찰하지 못하게 하고, 삶의 평화를 잃어버리고 살아가게 한다면 어떻게 해야 합니까?

불안은 위험으로부터 우리를 지켜 주는 몸의 반응이자 감정인 것은 분명합니다. 그러나 불안이 내 자신이 되어 평안한 삶을 살아가는 데 방해가 되고, 불안과 내가 동일시되는 것은 매우 위험한 일입니다.

불안이라는 감정은 사람마다 다르게 느낍니다. 어떤 이는 시간에 대한 불안, 건강에 대한 불안, 상실에 대한 불안, 인정에 대한 불안 등 알 수 없지만 매사를 불안해 합니다. 이런 불안이 팽배해질 때에는 현재 충분히 최선을 다하고 있어도 불안하고, 결과에 대해 훌륭하다는 외부의 피드백을 받아도 여전히 마음 안에는 불안이 남아 있습니다. 이때 자신과 불안이라는 감정을 동일시하게 되어 더욱 힘들어집니다. 그러나 사실 그 불안은 우리가 갖고 있는 작은 사물과 같은 것에 불과합니다. 즉 그것을 내 앞에 놓고 바라보며 '내가 지금 이 일에 불안해하고 있구나. 불안이라는 감정을 내가 경험했구나. 이 감정을 갖고 있구나.'라고 반응하며 소유의 개념으로 바라보아야 합니다.

물 컵이 하나 있습니다. 그 물 컵은 내가 아닙니다. 바로 이 물 컵이 '불안'입니다. 그 물 컵을 내려놓고 바라보듯이 불안도 그래야 합니다. 그 감정을 자신과 떼어놓고 바라보는 것은 매우 중요합니다. 그래야 다시 삶의 평화를 찾을 수 있게 되고, 미래로 뻗어나가는 부정적인 상상력을 접고 현재로 돌아올 수 있기 때문입니다.

이렇게 불안과 자신을 분리시켜 놓으면 다음 일들을 할 수 있게 됩니다. 불안이라는 감정의 원인이자 내가 간절히 바라는 욕구, 즉 현재 충족되지 않은 나의 욕구를 알 수 있습니다. 불안이라는 감정에만 휩싸여 있을 때에는 미처 발견하지 못했던 너무나 아름다운 우리의 욕구, 우리가 원하는 것을 찾을 수 있게 됩니다.

동기가 과장이 되는 것을 보고 불안함을 느꼈다면, 그 강렬한 감정 뒤에는 내가 원하는 무언가가 자리하고 있습니다. '직장 내에서의 정서적인 안전, 각각의 삶대로 살아가는 개성과 존중, 직책으로 평가 받지 않는 수용, 나의 개인적인 발전과 성장' 이러한 것들이 그 욕구들이 될 수 있습니다. 그 욕구를 찾고 나서 그것을 충족하기 위한 다양한 방법들을 생각해 보면 됩니다. 이는 불안이라는 감정에 억눌려 현재를 살지 못하게 하는 삶의 태도가 아니라, 평화로운 현재로 돌아올 수 있게 하는 길입니다.

우리는 모두
외로운 사람들

　　　　　　　　　해가 지는 9월의 하늘, 막
다른 골목길에 청바지와 반팔 티셔츠를 입은 초등학교 5학년
아이가 보입니다. 아이는 한낮의 태양 열기로 덥혀진 시멘트
길에 앉아 아직 돌아오지 않은 오빠를 기다립니다. 점점 어
두워지는 골목길에서는 생선구이 냄새와 찌개 냄새가 솔솔
풍겨져 나오지만, 굶주린 배를 움켜쥐고도 아이는 빈 집에
혼자 들어가기 싫어서 함께 들어갈 오빠를 기다립니다. 외로
움은 아이의 입에서 노랫말을 만들어 내고, 흥얼흥얼 하늘을
보며 노래를 부르는 아이의 눈에는 눈물이 고이고 맙니다.
그렇게 아이는 어느새 차가워진 시멘트 바닥에서 일어나 한
기가 느껴지는 자신의 몸을 감싸고 캄캄해진 골목길에서 오

빠를 기다립니다. 멀리서 오빠의 목소리가 들리고 아이는
소리 내어 불러봅니다.

"오빠야?"

아이의 말에 빠른 걸음으로 다가온 오빠는 아이의 차가워진
손을 잡아줍니다. 따뜻한 손이 아이의 마음을 녹이고 아이의
허기짐마저 사라지게 해 줍니다. 애써 노래를 부르며 눈물을
떨어뜨렸던 아이는 자연스럽게 안도의 미소를 짓습니다.

· · ·

외로움이라는 감정, 우리는 한여름에도 뼈가 시린 외로움을 경험합니
다. 그것은 홀로 고립되었다는 에고가 마음을 파고 들어올 때, 세상에
의지할 곳이 하나도 없다고 생각될 때, 스스로 감당해야 할 것들이 많은
데 나눌 이가 없다는 생각이 들 때 자리 잡는 고통스러운 감정입니다.

고요함 가운데 평화롭게 머물 수 있는 고독함과 달리, 외로움은 절
실히 누군가 내 옆에서 따뜻하게 나를 바라봐 주고 안아 주고, 괜찮아
라고 말해 주며 어깨를 감싸 주는 보살핌과 애정을 필요로 합니다.

사랑은 조건 없이 내가 느끼는 감정을 고스란히 마음에 담아 함께
머물러 줄 수 있는 공감을 내포합니다.

"나는 너를 사랑한다."라고 말해 주는 사람들이 주변에 많이 있을
것입니다. 가족, 친구, 동료라는 이름으로 말입니다. 그들이 우리 곁에
서 눈물지을 때, 그들이 우리를 필요로 했을 때, 우리는 어디에 있었는

가를 보고자 합니다. 우리의 몸과 생각이 아닌 우리의 마음이 위치한 곳 말입니다. 누군가의 외로움과 함께한다는 것은 그 느낌과 함께하는 것을 의미합니다. "뭐가 외로워? 힘을 내!"가 아니라, 공감의 눈으로 바라봐주고 침묵으로 들어주며 온전히 가슴으로 함께 느껴주는 것. 함께 머물러 준다는 것은 그다지 많은 말이 필요하지 않습니다. 따뜻한 마음의 온기로 전달되는 것이기 때문입니다.

"들어가서 밥 먹고 숙제하고 있지, 왜 여기 있어?"라고 다그치지 않고 "들어가서 밥 먹자. 많이 추웠지?"라고 말하는 오빠의 그 마음이 사랑입니다. 차가워진 아이의 얼굴을 비벼주고 안아 주는 오빠의 따뜻한 손이 바로 연결입니다.

우리 곁에서 외로워하고 있는 사람이 있다면 그냥 안아 주십시오. 무언가를 해 주려는 노력보다 값진 것은 곁에 함께 있어 주는 우리의 마음입니다. 그것이 바로 연결입니다. 서로의 마음이 만나는 연결, 그곳에는 언제나 사랑이 머물러 있습니다.

"저도 제가 왜 이러는지 모르겠어요. 미치거나 죽을 거라는 생각을 멈출 수가 없어요." 저는 이 마음을 이해할 수 없었습니다. '어떻게 저렇게 비극적인 생각을 조절할 수 없지? 자신의 생각도 제어할 수 없으면 나약해서 세상을 어떻게 살아가나? 다른 생각으로 바꾸고 어떻게든 살아야지!' 이런 생각들이 올라와서 겉으로는 이야기를 들어주는 척했지만, 제 안에선 사실 이런 비난 섞인 판단들이 꽉 차올랐습니다. 공감이나 이해라는 말들 모두가 그 순간엔 거짓이었습니다.

수 년 전, 제 머릿속에 떠오르는 끔찍하고 부정적인 생각에서 빠져나오지 못했던 경험을 하고 난 뒤에야 비로소 그 말을 진정으로 이해할 수 있게 되었습니다. 제 머릿속의 생각들을 통제할 수 없었던 경험을 통해 제 자신이 얼마나 나약한 인간인가를 고백하는 시간을 보냈습니다. "주님, 저는 제 생각조차 통제하지 못하는 나약한 인간입니다. 가엾이 여기시어 보살펴 주시옵소서." 이런 기도를 하며 스스로의 나약함을 보고 나니 아주 작은 포용력이 생기는 것 같았습니다.

몇 달의 시간이 흐른, 어느 겨울날이었습니다. 광화문 한 서점 앞에 서 있는데 한 남자가 혼잣말로 크게 떠들며 왔다 갔다 했고, 사람들은 그를 흘끔거리며 피하기 바빴습니다. 예전이라면 저도 겁이 나서 도망갔을 것이 분명했습니다. 그를 미쳤다고 생각하고 저의 안전을 위해서 도망가는 선택을 했을 것입니다.

사람이 온전하다는 게 뭘까에 대해 생각하게 됩니다. 항상 가능하지는 않겠지만, 또한 쉽지는 않겠지만 사람은 사랑하는 마음으로 행동을 할 때 온전해질 수 있는 것 같습니다. 인간으로서 갖고 있는 본질적 고통을 이해할 때 온전하게 설 수 있습니다. 다시 말하면, 내가 경험한 특정한 고통만을 이해하고 상대와 연결하는 것이 아니라, 인간이면 누구나 고통스러울 수 있다는 사실을 이해하는 것입니다. 온전함이란 완벽함이 아니라, 결핍과 나약함을 인정하는 과정에 있기 때문입니다. 인간으로서의 결핍과 나약함을 이해하고 상대를 바라보면, 내가 이해할 수 없는 그의 행동도 있는 그대로 바라볼 수 있게 됩니다.

광화문의 그 남성은 머릿속의 생각을 입 밖으로 내뱉으며 자신과 대화를 하고 있었습니다. 우리 역시 하루에도 수많은 생각을 하고 마음에서 자신과 대화를 나눕니다. 그 차이일 뿐 우리와 다를 것이 없다고 생각되자, 두려움이 사라졌습니다. 중요한 것은 같고 다르다는 것이 아니라, 어떤 존재를 있는 그대로 바라볼 수 있는지의 여부일 것입니다.

그 사람이 제 옆을 지나갈 때, 저는 말을 걸었습니다. "무슨 일이 있으세요? 들어줬으면 하는 말이 있으세요?" 저는 30분이 넘도록 그 사람과 이야기를 나눴습니다. 대화는 매우 재미있고 유쾌했던 기억으로 남아 있습니다. 그를 보며 미쳤다고 판단했던 그 마음을 내려놓지 못했다면, 결코 그 사람과의 짧은 연결은 이루어지지 않았을 것입니다.

연결이란, 언제나 상대를 가슴으로 만나게 해 주는 힘이 있습니다. 그것은 어떤 관계이든 가능합니다. 친구나 가족, 조직의 동료나 사제지간, 종교적인 관계나 직장 내 수직관계에서도 가능합니다. 그런 연결은 소통의 필수적인 조건입니다. 연결이 없이는 마음이 움직이지 않고, 마음의 움직임이 없이는 강요나 의무로 행동하기가 쉽기 때문입니다. 언제나 마음에서 동하여 행동할 수 있기를 바랍니다. 그런 행동으로 채워진 세상을 기대합니다.

더 깊은
연결의식

어떤 사람이 공동묘지에 갔다가, 한 묘비 앞에서 발걸음을 멈추었습니다. 그 묘지명에는 세 문장이 새겨져 있었습니다.

"나도 당신처럼 그렇게 서 있었습니다." 그 글을 읽은 사람은 놀랐지만 웃으며 다음 문장을 보았습니다. "나도 당신처럼 거기 서서 웃었습니다." 그 사람은 이 문장을 보고는 웃음을 거두고 진지한 마음으로 다음 문장을 보며 죽음에 대해 생각해 보고, 감사한 마음으로 삶을 살아갈 수 있었다고 합니다. 마지막 문장은 이러했습니다. "당신도 나처럼 이곳에 있게 될 것입니다."

• • •

수 년 전, 정기검진을 갔다가 암으로 의심되는 이상 종양이 발견되어 조직검사를 하고 일주일 동안 조용히 지냈던 생각이 납니다. 당시 초등학생이던 아이를 생각하며 아무에게도 말 못하고 혼자 검사를 마치고 집으로 향하는 길에 뜨거운 눈물을 흘렸습니다. 그 일주일 동안 아이를 볼 때마다 만감이 교차하고 아이의 매 순간이 너무나 소중하고 애틋하여 하루에도 수차례 아이를 안아 주고 사랑한다고 고백했습니다.

때론 걱정스러운 아이의 모습을 보게 되면, 조용히 타이르고 제 생각을 표현해 주되 결코 비난하거나 다른 아이들과 비교하지 않았습니다. 최대한 아이의 인격을 훼손하지 않는 방식이 무엇인지 고민했고, 아이에게 가치 있는 것을 가르쳐 주되 엄마의 사랑을 전달하도록 노력했습니다. 아이가 무슨 말을 하든 가르치기 전에 마음을 먼저 읽어 주었습니다. 아이는 무언가 변화를 느꼈는지 저에게 고맙다는 표현을 자주 했습니다. 그 일주일은 가족끼리 외식도 세 번이나 했습니다. 외식을 하는 동안에도 "우리 가족이 대화하며 외식을 할 수 있는 게 참 행복하고 감사하다."라고 말했습니다.

만약 심각하게 전이가 된 암이면 어떡하나, 생각할수록 불안해지기도 했지만 그때마다 지금의 삶이 더욱 소중해졌습니다. 그래서 순간순간 어떤 선택을 할 때마다 '내 삶의 이 소중한 시간을 쓸 만큼 가치 있고, 내가 진실로 원하는 일인가?'를 따져 보고 결정했습니다. 그러자 그 일주일은 제 삶에 필요했던 사람들과의 시간으로 채워지고, 모든 순간은 애틋함과 감사로 넘쳐났습니다. 당연한 듯 여겨졌던 일상이 감사함으로 채워지자, 삶은 평화로움 그 자체였습니다. 일주일 뒤에 병원에서는 근육에 생긴 찌그러진 이 혹이 암은 아니고, 3개월 뒤에 다시 검사를 받아보면서 추이를 지켜보면 된다고 말했습니다.

몇 달 뒤 제 삶을 되돌아보니, 모든 것은 이전의 일상으로 돌아와 있었습니다. 의식적으로 필요한 것들을 선택하며 살아가는 대신 무의식적으로 행동하고 있고, 습관적으로 반응하고 소통하고 있으며 감사보다는 미래에 대한 고민으로 채워지고 있는 삶이었습니다. 아이가 늦은 밤 같이 누워서 이야기를 나누고 싶다고 말하면, 노트북을 바라본 채로 아이에게 "오늘 엄마 바쁘니까 나중에 다시 이야기하고 얼른 자라."라고 말하곤 했습니다. 실망한 아이를 공감해 주기에는 내일의 일이 바빴습니다. 그런 저의 삶은 어느 새 감사와 평화를 잃어버렸습니다.

죽음이 다가올지 모른다는 생각이 들었을 때는 그렇게 한순간 한순간이 소중했고, 사랑하는 사람들에 대해 감사함이 넘치더니, 내일도 있고 모레도 있고 시간이 계속 주어질 것만 같아지니 감사함은 없고, 미래에 대한 스트레스와 불안과 고민이 가득해지고 만 것입니다. 마치 죽지 않고 영원히 살 것 같은 사람처럼 말입니다.

만일 그 일주일처럼 평생의 삶을 살아갈 수 있다면 삶이 얼마나 풍요롭고 평화로울지 저는 잘 알고 있습니다. 그 짧았던 경험이 너무 행복했기에 의식적으로라도 오늘이 제 인생의 마지막인 것처럼 사랑하고 감사를 표현하고, 제 마음을 사람들과 나누며 살아가고 싶습니다.

"어떻게 하면 더 평화롭게 살아갈 수 있을까?"라고 묻는다면 저는 삶 속에서 "더욱 민감하게 감사함을 알아차리자!"라고 말하고 싶습니다. 평화란 감사로 채워지는 삶입니다. 감사는 있는 그대로의 것들을 수용하는 마음에서 우러나옵니다.

죽음을 바라본다는 것은 실로 소중한 우리의 삶을 보는 것과 똑같습니다. 삶과 죽음을 대하는 우리의 자세가 결코 다르지 않을 때, 진정으로 겸손해지고, 삶을 감사함으로 채우며 살아갈 준비가 된 것입니다. 그런 준비는 우리의 눈과 마음을 평화롭게 만들어 줍니다. 우리는 죽음을 바라보며 어떤 삶을 선택하고 있습니까? 죽음 앞에서 누구에게 이 간절하고 진실한 마음속 사랑을 고백하고 싶습니까? 이 고백에는 아름다운 마음만이 담겨 있습니다. 이 마음은 우리와 타인을 연결하는 소중한 열쇠가 될 것입니다.

상호의존으로
연결된 우리의 삶

● ● ● ●

2014년 4월 16일, 수학여행을 떠난 안산 단원고등학교 아이들을 태운 배 '세월호'가 바다를 건너는 중, 침몰하는 사고가 일어났습니다. 그 길고 긴 시간 속에서 대한민국의 모든 국민들은 분노하며 사회의 어른으로서 죄책감을 느꼈고, 슬퍼하며 좌절했습니다. 그 슬픔은 우리의 삶에 매우 깊이 들어와 자리했습니다. 우리는 세월호가 속수무책으로 침몰하는, 그 믿을 수 없는 광경을 조바심이 가득한 마음으로 바라보고만 있었습니다. 그 중에서도 마음을 가장 아프게 한 것은 실종학생들의 부모님들과 실종자 가족들의 모습이었습니다.

그 모습은 그 자체가 고통이었습니다. 대한민국의 모든 사람들은 저마다 그 고통을 나눠진 채 같이 울고 분노하고 기도하며 간절한 마음으로 기적이 일어나기를 바라고 있었습니다. 침몰하기 직전, 배에서 구사일생으로 목숨을 건진 학생들과 승객들은 살아도 살아 있는 것이 아닌 것과 마찬가지로 '외상 후 스트레스 장애(PTSD)'를 호소하고 있고, 한 선생님은 살아 돌아온 후 바다 속의 제자들에 대한 죄책감으로 괴로워하다 스스로 목숨을 끊었습니다.

우리는 그 학생들의 얼굴도 모르고, 대화를 나누어 본 적도 없습니다. 한 번도 본 적이 없는 사람들, 그동안 어떻게 어디서 자라왔는지 모르는 그들의 죽음이 이토록 아픈 이유가 무엇입니까?

그것은 우리 모두는 각각 고유한 존재이면서도 이 세상은 그 존재들이 서로 긴밀하게 연결되어 생명을 나누고 있기 때문입니다. 우리는 모두 다르지만 모두 하나이며, 서로 떨어져 살지만 서로 함께 살아가는 존재이기 때문입니다. 그물망의 줄 하나가 끊어지면 다른 줄들이 지탱하며 물건을 받치듯, 끊어진 만큼 연결되어 있는 나머지 망들이 더 큰 힘을 내야 합니다. 이것이 제가 생각하는 상호의존입니다.

우리가 그때 진심으로 그 아이들의 영혼을 위해, 살아 돌아올 소식을 위해 간절히 기도했다면, 우리의 시간과 힘을 다해 마음으로 그곳에 함께 머물고 있었다면 그것이 상호의존입니다.

누군가가 우리의 고통을 생각하며 함께 아파해 준다면 그것이 상호의존입니다. 상호의존의 에너지에는 실익을 따지는 계산이 비집고 들어올 틈이 없습니다. 서로의 필요와 도움을 채우며 현실적인 만족감을 눈으로 보고 경험하는 것 그 이상의 의미이기 때문입니다.

사고가 나고 침몰 과정과 구조 장면이 방송되는 동안, 하루하루 시간이 흘러가는 것이 두려웠습니다. 서로 다른 종교인들도 하나의 마음으로 손을 모았습니다. 우리는 모두 간절히 바랐습니다. 모두가 두려워하는 기나긴 밤이 오면 우리는 눈을 감고 잠을 청하지 못했습니다. 따뜻한 방에서 잠이 든 우리 아이들을 보면서도 차가운 바다에서 떨고 있었을 그 아이들이 떠올려지는 이유는 우리의 마음속에 있는 끈끈한 상호의존이라는 아름다운 에너지 때문입니다. 따뜻한 밥을 먹으면서도 목이 메어 넘길 수 없는 것도, 며칠 째 굶고 있을 가족들과 바다 속 아이들을 떠올리는 상호의존의 에너지 때문입니다. 우리는 그렇게 연결되어 있는 존재들입니다.

살아 돌아온 아이들의 혼란과 두려움 그리고 죄책감을 따뜻한 사랑으로 회복시켜 줄 수 있기를. 차가운 바다 속에서 외롭게 눈을 감았을 아이들의 영혼에 대한 위로를, 남겨진 가족들에게는 애타는 기다림과 상실의 고통에 대한 애도를 보냅니다. 그 아이들의 비극적인 희생이 결코 무의식 저편으로 사라지지 않고, 더 깊은 연결의식을 통해 남은 아이들에게 더 안전한 세상을 제공할 수 있는 힘으로 사용되기를 간절히 기도하게 됩니다.

상호의존의 의식이란, 서로 윈윈(win-win)을 위해 눈에 보이는 실익을 챙기는 것 이상으로 서로 연결된 의식 속에 거하는 것입니다.

그래서 한 사람의 아픔이
전체의 아픔이 되고,
한 사람의 기쁨이 전체의 기쁨이 되는 것.
한 사람의 좌절이
그대로 주저앉지 않도록
서로가 다른 끈으로 지탱해 주고
그것을 소중히 여기는 마음입니다.

우리는 혼자가 아니었습니다. 혼자 세상에 버려졌다고 믿었을 때에도, 삶이 끝나도 세상 어느 누구도 알아주지 않고 슬퍼하지 않을 거라 믿었던 그 외롭던 순간에도 우리는 어떤 존재와 연결되어 있었습니다. 그렇게 우리는 모두 하나입니다. 우리는 그것을 의식하고 살아가는 것이 매우 중요한 시기를 살고 있습니다. 바로 지금입니다.

PART 4

더불어 걸어가는
삶을 위한 소통

Communication

우리는 이제 더 이상 상대를 비난하지 않을 수 있습니다.
그리고 내 안에 잠잠히 머무르며 내가 진정으로 원하는 것
이 무엇인지 의식할 수 있습니다. 더 이상 생각에 사로잡히
거나 잘못되었다는 판단에 매몰되는 것이 아니라, 마음 안
에 살아 있는 필요와 가치를 찾을 수 있습니다. 그리고 그
필요와 가치를 충족하며 살아가기 위해 스스로에게, 때로
는 상대에게 부탁할 수 있습니다.

내 삶을 더욱 행복하고 넉넉하게 살아가기 위해 부탁하는
힘, 상대의 삶을 풍요롭게 해 주기 위해 즐겁게 기여하는
힘이 소통입니다. 의무나 희생이나 강요로 행동하는 것이
아니라, 기꺼이 자발적이고 즐거운 마음으로 서로를 위해
무언가를 해 주는 과정이 대화의 기술을 넘어선 진정한 소
통입니다.

갈등할 때
기회가 시작된다

　　　　　　　　　　　좋아해서 자주 가는 카페
가 한곳 있습니다. 그곳에 가면 늘 좋아하는 라떼를 사오곤
하는데, 소시지 빵이 새로 나와 있어서 아이에게 주려고 하
나를 포장했습니다. 맛있어 보이는 소시지가 통째로 들어가
있고 겉은 쫄깃한 빵. 그리고 위에는 맛있는 치즈가루가 뿌
려져 있었습니다. 집으로 오는 차에서 라떼를 몇 모금 마시
다가 소시지 빵에 눈이 힐끔힐끔 갔고, 저는 아이를 주려고
산 소시지 빵에 호기심이 생겨 결국 한입 베어먹었습니다.
그런데 소시지 빵이 너무 맛있어서 멈추지 못하고 다 먹기
시작했습니다. 중간에 목이 메어서 라떼를 마셨는데 '엑! 이
게 무슨 맛이야? 아까는 맛있었는데 왜 커피가 맹물 같고 싱

겁지?'

생각해 보니 자극적인 소시지 맛과 치즈의 짭짤한 맛이 커
피와 어울리지 않아서였습니다. 빵은 빵대로 강하고 짭짜름
해서 맛있었고, 커피는 커피대로 너무 부드럽고 향긋했는데
말이지요.

• • •

우리가 갈등을 겪게 되면 가장 먼저 사람과의 관계가 불편해집니다. 그
럴 때 습관적으로 누가 문제인지, 무엇이 잘못된 것인지 따지고 분석하
려 합니다. 어느 쪽이 잘못했다기보다는 서로가 다르고 때로는 조화롭
지 못해서인 경우가 많은데, 어느 한쪽이 잘못되었거나 문제가 있다고
보기 시작하면 그 한쪽은 분명 희생되거나 상처를 받게 됩니다.

소시지 빵과 라떼의 경험은 새롭고 재미있었습니다. 일상의 작은
자극들을 통해 새롭게 생각하고 또 다른 것을 배울 수 있다는 것이 참
신비롭습니다. 소시지 빵도 잘못이 없고 라떼도 문제가 없었습니다. 그
래서 다음에는 어느 하나도 포기하지 않고, 각각의 개성과 맛을 살리기
위해 따뜻할 때 라떼부터 마시고, 소시지 빵은 물과 먹어야겠다고 스스
로 생각해 보았습니다.

관계가 불편해지면 '누구의 잘못인가? 그러니 이제 누가 양보하
고 희생해야 하는가?' 혹은 '누가 참아야 하는가?'를 먼저 생각하게 됩

니다. 그러나 이런 방식으로는 서로가 만족할 만한 결과를 찾기 어렵습니다. 갈등이 누구의 잘못으로 생겨난 것인가를 분석하는 것이 아니라, 서로가 필요로 하는 게 무엇인가를 찾아보고자 한다면 서로에게 도움이 되는 방식으로 새로운 갈등을 맞이할 수 있습니다. 그럴 때 두려움에도 불구하고 갈등을 회피하지 않고 그 속으로 함께 들어갈 수 있는 용기가 생기는 것입니다.

세월이 흘러 나이가 들어가도 여전히 힘든 게 있습니다. 머릿속에 마구잡이로 들어오는 생각들을 그대로 말해 버리고 싶은 충동을 이기는 일입니다. 때론 두려워서 아무 말 못하고 돌아오며 마음속으로 후회하기도 합니다. 상대와 나를 이해하며 만족할 만한 소통을 한다는 것은 정말이지 너무나 어렵습니다.

상대방과의 관계가 편안해지는 것은 대화의 기술이 뛰어나서가 아니라, 갈등 상황에서도 자신의 감정을 제대로 볼 수 있고, 상대의 말 뒤에 숨겨져 있는 바람과 욕구를 볼 수 있는 내 마음의 중심이 자리를 잡아야 가능합니다.

소통의 과정이 어렵다고 하는 이유는 '어떻게 말을 할까?'라는 고민에서 비롯된 것이 아닙니다. 비난이나 판단 같이 듣기 어려운 순간에 자신과 그 말을 분리시켜서 생각하기가 매우 어렵기 때문입니다. 또 상대를 똑같은 방식으로 비난하고 공격하고 싶은 습관적인 마음을 내려놓는 것 역시 너무나 어렵기 때문입니다.

누군가 나에게 "너 같은 사람은 다시는 보고 싶지 않아!"라고 말할 때, 그 말을 자신과 동일시하여 '그래, 내가 무슨 쓸모가 있겠어!'라고 여기거나, 똑같은 방식으로 비난하고자 하는 생각은 서로가 원하는 방식으로의 해결을 주지 못합니다. 상대는 지금 나를 비난하는 것이 목적이 아니라, 자신이 정말 원하는 것을 제대로 전달하지 못하고 있는 상태입니다. 그런 마음으로 보면 다시 자비심을 되찾을 수 있고, 그 말 뒤에 숨어 있는 욕구를 찾아낼 수 있습니다.

그러면 "내가 뭘 어쨌다고 날 안 본대?"라든가 "모두 다 내 잘못이지, 미안해."라는 반응 대신 "네가 얼마나 힘들었는지 이해 받고 싶었을 텐데 내가 몰라줘서 많이 실망했겠다."라든가 "너도 얼마나 애를 쓰고 있는지 인정받고 싶었을 텐데 그러지 못해서 많이 속상했구나."라고 말하며 충족되지 못한 그의 욕구를 이해해 줄 수 있는 여유가 생기게 됩니다. 자기 마음이 이해 받고 자신이 원하는 것을 상대가 알아줄 때, 비로소 우리의 마음이 헤아려지게 되는 것입니다. 그렇게 되면 갈등은 위기가 아니라 다시 연결될 수 있는 기회로 변화됩니다.

당신은 어떻게
말하고 있습니까?

                             몇 년 전, 아이와 함께 지하철에 앉아서 맞은편을 바라보고 있었어요. 한적한 지하철 안에 한 노숙자가 제 맞은편에 앉아 있었지요. 제 아이는 앞에 있는 사람을 보고 이렇게 말했어요.

"엄마, 저 사람은 다른 손가락보다 새끼손가락 손톱이 더 길다. 머리카락이 눈을 덮었어."

저는 아이의 말을 듣고 나서야 그 사람을 자세히 다시 보기 시작했어요. 정말 관찰은 생각보다 쉽지 않았어요. 저는 그 사람을 보자마자 노숙자라고 말하곤 더 이상 그를 보려고 하지도 않았거든요.

아이는 보이는 그대로를 관찰했습니다. 부모는 그 사람을 보고 '노숙자'라는 판단과 평가를 했습니다. 사람을 그대로 본다는 것은 매우 어렵습니다. 우리도 어렸을 때는 자신의 생각을 섞지 않고 카메라로 찍은 듯이, 녹음기로 녹음한 듯이 모든 것을 참 그대로 잘 보았습니다.

새끼손가락 손톱이 다른 손톱보다 길다는 것을 관찰하자마자, 머릿속에 자동적으로 '지저분한 사람'이라는 생각이 든 이유는 우리가 어떤 것들을 학습해 온 결과입니다. '용모가 단정한 사람은 부지런하다'고 교육받은 경험이 '지저분해 보이는 사람은 게으르다'는 신속한 판단을 불러옵니다. 관찰과 동시에 자동적으로 사고와 평가가 들어온 것입니다. 관찰이 쉬우면서도 어려운 이유는 머릿속에 들어오는 생각, 판단, 평가를 알아차리고 내려놓아야 하기 때문입니다.

"어떤 말이 여러분에게 자극이 되고 분노를 일으켰나요?"

"음… 뭔지 잘 기억 나지 않지만, 그 사람이 나를 무시할 때요!"

"상대가 무슨 말과 행동을 했을 때 무시당한다고 생각했나요?"

"음… 그건 기억나지 않지만 자기가 저보다 직장 상사라고 늘 저를 함부로 대했어요!"

친한 친구나 가족들과 이야기를 나눌 때 "넌 항상 내 말을 듣지 않더라."라고 판단하며 이야기하면 상대는 그 말에 대해 저항감을 갖기 쉽습니다. 우리는 "난 너와 대화를 원해."라는 의도로 말했을지 몰라도 상대방의 마음은 이미 우리의 말을 듣고 싶어 하지 않은 상태가 됩니다. 그런 판단은 자신에 대한 비난으로 들리기 때문에 우리가 말하고자 했던 의도는 전달되지 못하게 될 가능성이 높아집니다.

그러나 만일 "너는 내게 이틀 동안은 바쁘다고 했었지?"라고 말한다면 그것은 상대의 말을 그대로 표현한 관찰이 됩니다. 이 말에 상대방은 최소한 저항감은 갖지 않을 것이고, 우리의 마음과 의도를 들어줄지도 모릅니다.

관찰은 인간관계를 풍요롭게 하기 위한 필요 요소지만, 그렇다고 판단과 평가가 무조건 나쁘다는 것은 아닙니다. 우리가 하고 있는 것이 관찰인지, 평가인지를 구별하고 말하는 것이 중요하다는 뜻입니다. 문제는 우리가 평가라는 것을 의식하지 못하고 '사실'이라고 생각하는 것에서 시작합니다. 상대방이 "내가 언제 너의 이야기를 듣지 않았니?"라고 하면 우리는 "넌 항상 내 말을 듣지 않더라. 그건 사실이잖아."라고 말합니다. 하지만 그것은 사실이 아닌 우리의 생각일 뿐입니다.

평화로운 인간관계를 위한 첫 물꼬는 '관찰'에서부터 시작됩니다. 철학자 크리슈 나무르티가 '관찰은 인간 지성의 최고 형태'라고 말할 만큼, 관찰은 사람들과 관계를 맺어나가는 과정에서 매우 중요한 요소입니다. 내가 만나는 모든 사물 그리고 사람들을 관찰해 보기 바랍니다. 그리고 그 관찰에서 스스로가 얼마나 많은 평가와 판단을 섞으면서 살아가고 있는지를 구분해 보십시오. 그런 판단과 평가가 평화로운 인간관계에 어떤 작용을 했는지도 생각해 볼 수 있기를 바랍니다. 그대로 보기 바랍니다. 이것이 서로가 만족하는 인간관계의 시작입니다. 깊은 관심으로 누군가를 바라보기 시작하면 그 사람의 진정한 아름다움을 보게 됩니다. 그렇게 누군가를 알아간다는 것은 진정한 축복이며 사랑입니다.

"도대체 몇 번을 말해야 알아들어? 제대로 들어. 좀!" 상대가 내 마음을 잘 이해해 주길 바라는 마음에서 한 말이었는데, 상대는 이 말을 듣고 소리치며 분노합니다.

"네가 매번 그런 식으로 이기적이니까 우리 사이에 문제가 생기는 거야!" 배려가 필요해서 한 말인데, 상대는 이 말을 듣고 등을 돌립니다.

"한 번만 더 그러면 정말 가만 안 둘 줄 알아!" 조심성 있게 행동하는 것을 가르쳐 주려고 한 말인데, 상대는 이 말을 듣고 원망의 눈물을 흘립니다.

아무리 말해도 상대는 움직이지 않습니다. 아무리 말해도 상대는 귀 기울이지 않습니다. 우리가 아무리 간절히 말해도 상대는 얄밉게도 엇나가고 맙니다.

당신은 어떻게 말하고 있습니까? 상대에게 얼마나 솔직하게 우리의 생각을 전달하고 있습니까? 저는 제가 매우 솔직하게 말하는 사람이라고 믿어왔습니다. 그래서 용기 내어 사랑하는 친구에게 솔직하게 말해 주었습니다.

"너, 나니까 이렇게 말해 주는 거야. 솔직히 너 너무 공격적이고 판단력이 좀 떨어지는 것 같아."

그런데 이 말을 들은 친구는 저에게서 멀어지고 말았습니다. 오랜 시간이 지나서 저는 제 솔직함이라는 것이 얼마나 교만한 위치에서 상대를 비난하며 고치려 했던 표현이었는지를 알게 되었습니다. 그 친구는 제가 그를 돕고 싶었던 의도를 이해하지 못했고 "그러는 너는 얼마나 대단한데?"라고 자기 보호 차원의 공격적인 말을 준비했습니다.

정말로 친구에게 하고 싶었던 말은 이런 것이었습니다.

"나는 네가 회사에서 팀원이랑 회식 자리에서 다투었다는 말을 듣고, 정말로 걱정이 되더라. 네가 얼마나 힘들게 들어간 회사인지 난 누구보다 잘 알고 있었기 때문에 네가 그 회사에서 능력도 인정받고 안정적으로 편안하게 다니기를 바랐거든. 참지 못하고 팀원에게 소리쳤다는 말을 들으니까, 네가 회사에서 곤란한 상황에 놓이지는 않을까 염려가 됐어. 넌 어떻게 생각해?"

'솔직하게 표현한다'는 것은 단순한 의도적인 기술이 아닙니다. 상대를 내 뜻대로 조정하기 위함은 더더욱 아닙니다. 단지 내가 원하는 것을 상대에 대한 비난이나 평가 없이 표현하고 때로는 부탁하는 것을 말합니다. 거기까지가 끝입니다. 그것이 우리가 상대에게 할 수 있는 전부입니다.

상대를 판단하고 평가하며 자신의 생각을 주장하는 대신, 우리가 보고 들은 것을 담백하게 표현하고, 그것으로부터 느껴지는 감정과 우리가 원하는 것만을 표현하기 바랍니다.

느낌 속에
숨은 욕구 찾기

내가 어렸을 때 친구에게 맞아서 울고 있자, 선생님께서 이런 말씀을 하셨다.

"남자는 이런 일로 우는 거 아니야. 씩씩하게 일어서서 세수하고 와."

내가 어렸을 때 원치 않는 크리스마스 선물을 받고 실망했다고 말했을 때, 어머니께서 말씀하셨다.

"선물을 받으면 감사하다고 말하는 거야. 이걸 갖지 못한 아이들도 얼마나 많은데!"

동료가 해고당하는 것을 보고 슬프다고 말하자 상사는 말했다.

"조직 생활에서 사사로운 감정은 필요 없어. 다들 이 악물고 버티는 거야. 그래야 성공하니까."

• • •

민감해진다는 것은 모든 상황에서 비롯되는 내 몸의 감각에 귀를 기울이고, 그 느낌이 말해 주는 필요와 욕구를 인식하는 것입니다. 민감해지는 것은 순간순간 내면과의 연결을 유지할 수 있도록 도와줍니다. 내면과 연결되어 살 때, 큰 자극에 노출되어도 바로 화를 내거나 반사적으로 반응하지 않을 수 있습니다. 그리고 내면에서 원하는 바를 타인에게 상처를 주지 않는 방식으로 정확하고 솔직하게 표현할 수 있게 됩니다.

그러자면 우리의 느낌에 대해 솔직하게 받아들이고 외면하지 말아야 합니다. 친구에게 맞았을 때 무척 화가 나고 서운하고 억울한 감정을 가졌을 것입니다. 자신이 안전하길 원했을 것이고, 선생님으로부터 이해 받고 도움받기를 원했을 것입니다. 크리스마스 때 원하는 선물을 받지 못해 실망스럽고 슬펐을 것입니다. 동료의 해고를 보면서 그는 슬프고 두려웠을 것입니다. 자신도 동료도 모두 회사에서 안전하게 근무하며 능력을 인정받고 싶었을 것이기 때문입니다.

민감해지는 방법은 이렇습니다. 하나의 행동을 하고 난 뒤 멈추어 그 행동을 관찰하는 것입니다. 예를 들어 건물을 들어설 때 앞서 가던 사람이 손잡이를 잡아 주었다고 해 봅니다. 그냥 '착한 사람이네!'라고 생각하며 지나치는 대신 그 관찰한 바에서 느껴지는 몸의 감각에 집중해 보는 것입니다. 미소가 지어질 수도 있고 몸에 온기가 느껴질 수도 있습니다. 그런 몸의 감각이 느껴지면 그 느낌에 이름을 붙여 주는 것입니다. 예를 들어 '감사하다, 행복하다, 흐뭇하다, 따뜻하다'와 같은 것들입니다. 그런 다음 그 느낌의 원인을 찾는 것입니다.

'서로에 대한 배려', '상대를 위해 섬기는 마음'과 같은 필요가 채워졌기 때문에 그런 느낌을 받은 것입니다. 그리고 스스로 혹은 상대에게 말해 보는 것입니다. "제가 들어갈 수 있게 문을 잡아 주셔서 감사합니다. 덕분에 편안하게 들어올 수 있었어요."라고 말입니다.

얼마나 스스로의 내면에 민감할 수 있는지와 그것을 표현하는 것은 인간관계에서 매우 중요한 역할을 합니다. 민감성을 훈련하는 중요한 이유는 그것이 내적 연결과 이어지기 때문이고, 내적인 연결이 될때 상대의 마음을 이해할 수 있기 때문입니다. 스스로의 느낌과 가치, 욕구를 민감하게 알아차리지 못하면 결코 상대의 느낌과 가치, 욕구를 이해할 수 없습니다.

우리가 때로 화가 나고 서운하고 답답한 까닭은 상대 때문이 아니라, 사실은 우리가 진정으로 원하는 것을 민감하게 알아차리지 못하기 때문입니다. 상대의 행동을 비난하게 되면 그 생각에 매몰되어 부정적인 감정만 증폭되고 시야가 좁아지고 맙니다. 그리고 우리가 원하는 것을 알지 못하게 되니 상대를 더 비난하고 강요하기도 합니다. 그 부정적인 느낌과 생각에서 벗어나 자유로워지는 길은 스스로의 욕구와 가치를 민감하게 알아차리고 그것을 표현하는 것입니다.

저에게는 7년이란 시간 동안 친하게 지냈던 동료 강사가 있었어요. 제가 배웠던 지식을 그녀에게 공유해 주었고 저의 강의에도 초대해 서로의 성장에 기여하고 나누고자 했어요. 그런데 그 동료가 제가 진행하던 강의를 동의나 허락 없이, 녹음했다는 사실을 알게 되었어요. 강의 전에 녹음을 하지 말아달라고 부탁을 했음에도 불구하고 말이지요. 저는 정말 철저히 배신당하고 무시당한 느낌이었죠."

'위협을 당했다, 무시당했다, 배신당했다'는 모두 상대가 한 행동에 대해 해석한 나의 생각입니다.

제가 다시 그녀에게

"무시당하고, 배신당했다는 생각이 들 때, 정말 화가 나고 억울하고 실망스러웠나요?"

라고 묻자 그녀는,

"네. 그거예요. 저는 그녀가 제 강의를 청강하며 제게 사전에 동의를 구하지 않고 녹음했다는 것을 알고 정말 그랬어요. 그리고 정말 슬프고 허탈하기도 했어요."

'느낌'이라는 것은 외부와 내부의 다양한 자극을 경험할 때, 우리 몸 안에서 일어나는 신체적, 감각적인 반응으로써 이를 감정의 언어로 표현하는 것입니다. 상대를 판단하고 분석하려는 힘을 자신의 내면을 바라보는 힘으로 변화하게 해 주는 것이 바로 '느낌'입니다.

어떻게 관찰하고 평가하는 가에 따라서 느낌은 달라질 수 있으며 비폭력대화의 마셜 박사는 '느낌은 자기 안에 충족되지 않거나 혹은 충족된 욕구들이 있음을 알려 주는 신호'라고 표현했습니다. 자극이 주어지면 우리는 본능적으로 몸의 어떤 감각들이 올라오는 것을 경험하는데, 이런 감각들로부터 우리는 욕구로 갈 수 있는 길을 발견합니다. 이런 몸의 반응을 의식하며 살아갈수록 다양한 느낌을 말로 표현할 수 있고, 상대를 평가하는 대신 민감하게 우리의 욕구를 들여다 볼 수 있는 힘이 길러집니다.

느낌은 우리가 무엇을 필요로 하는지를 말해 주고 있습니다. 그녀는 왜 화가 났고 억울하며 슬프고 실망스러웠습니까? 아마도 그녀에게는 스스로를 보호하는 것, 믿었던 동료와의 관계에서 상호존중, 강사로서 갖고 있는 개성에 대한 보호, 서로의 부탁과 약속이 잘 지켜지리라는 믿음과 같은 것들이 중요하기 때문일 것입니다.

이런 느낌을 잘 살펴보면 그 뒤에 숨어 있는 중요한 욕구를 알 수 있게 됩니다. 그러나 느낌에 머물지 못하고 생각에 빠지게 되면, 상대를 평가하게 되고 특정 방식의 행동이나 문제 해결을 강요하기도 합니다. 생각이 섞인 느낌은, 우리가 느낌이라고 생각하고 있지만 사실은 자극을 판단하고 있는 의견, 신념, 아이디어를 포함하는 인지적인 것들일 가능성이 큽니다. 이렇게 생각이 섞인 느낌을 사용하면 스스로도 느낌을 잘 모르게 되기 때문에 내면의 욕구와 연결하기가 어려워집니다. 또한 상대도 비난으로 듣게 될 수 있기 때문에 우리의 느낌을 이해해 주기 어려워지고 서로간의 연결이 끊어질 가능성이 높아집니다. 우리의 관계에서 중요한 것은 당장의 문제 해결보다 서로간의 연결이 우선입니다.

욕구와
욕망 사이

"저는 남자친구를 사랑해
요. 그리고 제 욕구는 그와 주말에 여행을 가는 것이었는데,
그는 너무 바쁘다는 거예요. 정말 실망했고 화가 났어요. 나
를 사랑하지 않는 게 분명해요!"
우리는 그녀의 말 속에서 그녀가 욕구와 그 욕구를 충족하
기 위한 수단, 방법을 구별하지 못한다는 것을 알 수 있습니
다. 그래서 그녀에게 만일 그와 주말에 여행(수단, 방법)을 가
게 되면 어떤 욕구가 충족될 것 같은지 물었습니다. 그녀는
잠시 고민을 하다가 이렇게 대답을 했습니다.
"그게 수단, 방법인지 몰랐어요. 그와 여행을 가면 전 그 사
람과 더 친밀감을 쌓을 수 있고, 서로 대화도 나눔으로써 더

깊이 이해할 수 있겠지요. 그리고 재미있을 거예요. 전 재미있게 살고 싶거든요."

사랑하는 사람과의 여행을 통해 충족하길 기대하는 욕구는 친밀감, 소통, 이해, 상호성, 재미와 같은 것입니다. 그녀가 원하는 그런 욕구들은 사실 꼭 주말에 여행을 가야만 충족되는 것은 아닙니다. 남자친구가 일을 마치고 난 후, 함께 산책을 하면서도 가능할 수 있고, 또 각자 집에 가서 전화로 데이트를 해도 가능합니다. 그녀가 괴로운 것은 남자친구와 주말에 여행을 가지 못해서가 아니라, 자신이 여행을 가려고 함으로써 충족하려고 했던 욕구가 무엇인지를 제대로 알지 못했기 때문입니다.

우리의 삶에는 누구나 꼭 필요한 욕구들이 있고, 그것을 충족하며 살아갈 수 있는 다양한 수단과 방법이 있다는 것을 이해하는 일은 매우 중요합니다. 우리가 수단과 방법에 집착하면 욕구가 무엇인지조차 알 수 없고 갈등은 깊어만 가지만, 욕구로 의식을 돌리면 다양한 수단과 방법에 대해 알게 되어 선택의 시야가 밝아짐을 느끼기 때문입니다.

"제가 남자친구에게 다시 말을 해 봤어요. 주말에 서로 같이 있고 싶고 대화도 나누면서 즐거운 시간을 보내고 싶다고요. 그랬더니 남자친구가 자신도 저와 즐거운 시간을 보내고 싶다면서 이번 주말 저녁에 심야 영화를 보자고 했어요."

• • •

우리가 종종 경험하는 갈등은 서로가 중요하게 생각하는 욕구들이 충돌하는 것이 아니라, 각자가 그 욕구를 충족하려는 수단과 방법을 고집함으로써 발생합니다. 서로가 옳다고 주장하는 수단, 방법의 차이로 인해는 갈등을 겪는 것입니다. 재미를 위해선 반드시 영화를 봐야 한다고 우기거나 술을 마시고 춤을 춰야 한다고 우길 때처럼 말입니다. 이렇게 수단, 방법을 구별하지 못하면 우리의 사고는 서로가 옳다고 믿는 방법 속에 갇혀서 상대에게 강요하고 비난하는 데 모든 에너지를 씁니다. 하지만 우리가 욕구라는 삶의 자원에 에너지를 모으면 우리는 서로 수단, 방법에서 벗어나 욕구 차원에서의 연결을 경험하게 됩니다.

건강한 대화는 자신이 옳다고 믿는 수단에 집착하며 강요하는 것이 아니라, 서로의 욕구를 충족하기 위해 다양한 수단과 방법을 받아들이려는 마음에서 가능한 것입니다.

화창한 봄날, 가족들과 백화점 건물에 있는 극장으로 영화를 보러 갔습니다. 영화관까지 에스컬레이터를 타고 올라가며 층층마다 화려하게 꾸며진 볼거리들을 구경하는데, 역시나 새 상품들이 제 눈과 마음을 사로잡았습니다. 예쁜 구두에 눈을 빼앗겨 한참을 머물렀습니다. 결국 구두 한 켤레를 사고 돌아서는데 이번에는 여름에 사용하면 좋을 멋진 챙 모자가 눈에 들어와 그 모자도 하나 구매했습니다.

이렇듯 백화점을 가면 필요치 않았던 물건들도 충동구매를 하고 돌아오곤 하는데 그 중에는 나중에 집에 와서 후회가 되는 것들도 심심치 않게 있습니다. 매달 카드 명세서가 집에 오면 쭉 읽어봅니다. 그리고는 속으로 생각합니다.

'아, 이건 쓰지 않아도 되는 거였는데….'

매달 줄이고자 해도 줄이지 못하는 것들이 후회로 남게 됩니다. 비단 이런 일들은 물건에 대한 소유의 문제만이 아닙니다. 돈도 그렇고 건강도 그렇고 사람도 그렇습니다. 우리는 주변의 모든 사물이나 존재들로부터 무의식적이고 습관적으로 많은 것을 취하려고 합니다. 그것이 삶을 풍요롭게 하는데 도움이 되는지의 여부를 고려하기보다는 많을수록 좋다는 생각으로 더 많이 모아 두려고 합니다. 자원을 소유한다는 것이 주는 만족감을 모두 누리고 싶어 합니다. 그리고 얼마나 갖고 있는가 하는 것에는 의식을 두지 않고, 상대와 비교해 부족하게 여겨지는 것에 의식을 두고 상대적인 박탈감과 결핍을 느낍니다. 그때 우리의 에고에 깊숙이 파고드는 불안감을 우리는 모두 두려워합니다. 그런 두려움은 갖고 있는 것보다 갖지 못한 것에 더욱 집중하게 만들고, 더 많이 축적하는 데 우리의 힘을 사용하게끔 합니다.

살아가면서 중요한 것이 무엇인가를 알게 될 때쯤이면 이미 많은 것을 떠나보낸 후일지 모릅니다. 오랜 병고 끝에 세상을 떠나는 사람들이 가장 아쉬워하는 것들에는 세상적인 물욕이 포함되어 있지 않았습니다. 그들은 조금 더 많이 사랑하길 원했고 더 용서하고 더 쉬기를 원했고, 더 기억되길 바랐으며 즐겁게 베푸는 삶을 누리고 싶어 했습니다.

죽음이 앞에 있을 때 혹은 죽음이 눈앞에 닥친 후에야 삶의 깊은 진리를 깨달을 수 있는 것은 아닙니다. 간접적으로 사람들의 죽음이나 깨달음을 통해 삶을 진정으로 풍요롭게 해 주는 것들이 무엇인지를 배울 수 있습니다. 그런 중요한 가치와 욕구를 의식할 수 있을 때, 직접적으로 행복감을 경험할 수 있습니다.

정신없이 돈을 벌었을 때의 쾌감이나 보람도 있지만, 그것을 누군가의 삶에 기여하며 나눌 때 깊은 즐거움과 보람을 느낄 수 있습니다. 나의 아름다움을 위해 끊임없이 투자할 수도 있지만, 누군가를 위해 베푸는 나눔을 통해 벅찬 기쁨도 경험할 수 있습니다. 내 입의 즐거움과 포만감을 위해 맛있는 음식을 먹을 때의 기쁨도 있지만, 누군가의 주린 배를 채워 주는 깊은 공동체 의식에서 오는 거룩한 경험도 할 수 있습니다. 이렇듯 실익을 떠나 누군가의 삶에 기여할 때, 욕심에서 멀어져 나의 필요를 채울 수 있는 합리적이고 성숙한 소비를 할 수 있으며, 나를 위해서만이 아닌 타인을 위해서도 베풀고 나눌 때 진정으로 인간다운 삶을 살아갈 수 있습니다.

"우리는 우리의 필요를 채우기에는 충분한 자원을 갖고 있지만, 우리의 욕심을 채우기에는 턱없이 부족하다."
- 마하트마 간디

구체적이고
분명하게

저는 요리를 하는 것보다는 누가 만들어 준 요리를 먹는 걸 좋아합니다. 뿐만 아니라 맛있는 요리를 어떻게 만드는지에 대해서도 관심이 많습니다. 요리를 즐겨 하는 친구가 저희 집 부엌에서 열심히 요리를 하고 있었을 때, 조리법에 대해 질문을 한 적이 있습니다. 제 친구는 "설탕을 적당히 넣으면 돼!", "간장을 적당히 넣고!" 등의 말을 했습니다. 저는 그 말이 재미있었습니다. 적당하다는 기준이 사람마다 다르니 저런 표현으로는 각기 다른 맛의 요리가 만들어지겠다는 생각이 들었기 때문입니다. '적당히'라는 표현은 재미있었지만, 인간관계에서는 어떤 도움이 될 수 있을지 모르겠습니다.

데이트를 하는 남녀의 사이에서도 '적당히 거리를 유지한다는 것'

이 어렵다는 분이 많습니다. 적당히 남자의 품위를 지켜 주고 적당히 여성의 소비심리를 이해해 주고, 적당히 서로를 풀어 주고 적당히 서로를 구속한다는 것으로 사랑의 관계를 '적당히' 유지한다는 것은 서로가 오해를 하게 될 가능성이 높다고 말하고 싶습니다.

사랑이라는 것은 삶에서 매우 중요한 욕구입니다. 그 욕구가 충족되기 위해서는 자신이 원하는 것을 구체적으로 부탁할 필요가 있습니다. '알아서 해 주겠지!'라는 기대는 헛된 희망으로 자리 잡고 오히려 더 큰 실망으로 다가옵니다. '참고 희생하면 언젠가 인정해 주겠지!'라는 기대는 결국 분노와 원망으로 이어집니다.

"오늘 당신하고 저녁에 영화를 보고 싶은데 당신 생각은 어때?"

"나는 오늘 둘이 좀 걷고, 이야기를 나누고 싶은데 가능할까?"

"생일날 당신이랑 둘이서 하루를 보내며 축하 받고 싶은데 어때?"

"이번 주가 바쁘면 언제 영화 볼 수 있을지 얘기해 줄 수 있어?"

더 이상은 모호한 부탁으로 서로를 혼란스럽게하지 말고, 구체적이고 분명한 부탁으로 서로를 이해하며 아름다운 사랑을 나누기를 바랍니다.

같은 직장에서 일을 하는 한 여성이 동료에게 부탁을 했습니다.

"내가 병원에 좀 다녀오려고 하거든? 오후에 회의에 들어가야 하는데 PPT 자료 좀 다시 체크해 줄 수 있을까?"

"미안, 약속이 있어서 사무실에서 1시에 나가야 할 것 같아."

그녀는 동료의 대답을 듣고 '뭐야? 쟤, 너무한 거 아니야? 나는 지난주에 자기를 돕기 위해 야근도 했는데 당연히 이 정도는 해 줘야 하는 거 아냐?'라고 생각했습니다. 그렇다면 이것은 처음부터 부탁이 아니라 강요입니다. 동료가 PPT 자료를 체크해 주면 어떤 점이 좋겠는지 물어봤습니다.

그녀는 서로가 어려울 때 마음 놓고 믿을 수 있고, 자신이 도와주었던 것만큼 자신도 힘들 때 도움을 받을 수 있어서 좋다는 것이었습니다. 그래서 다시 그때의 느낌을 물었을 때 그녀는 이렇게 대답했습니다.

"그녀가 바쁘다고 말하는 걸 들으니 저는 서운하고 한편으로는 분하고 억울했어요. 아마 당연히 해 줘야 한다고 생각한 것 같아요. 그리고 그녀의 죄책감을 이용해서 그녀를 비난하고 싶어졌어요."

강요란, 특정 행동과 관련해 처벌의 위협이나 보상의 약속을 포함하고 있는 것입니다. '얼마나 부드럽고 공손한 말투로 부탁하는가?'로는 알 수 없고 비폭력대화의 마셜이 한 말처럼 '우리가 상대에게 부탁을 했는지, 강요를 했는지는 상대가 거절을 했을 때 우리의 반응을 보면 알 수 있다.'고 생각합니다. 상대가 나의 부탁을 거절하면 비난이나 처벌이 따를 거라고 생각하거나, 부탁을 들어주더라도 죄책감이나 수치심, 의무감, 부담감에서 한다면 그것은 강요인 것입니다. 강요는 상대와의 관계에서 양쪽 모두 유대감이나 신뢰를 쌓기가 어려워지는 대가를 치르게 되고, 진정으로 연결되는 인간관계를 맺기 어려워집니다.

그녀에게 그것이 진정으로 부탁이었는지 물었습니다. 그녀는 가만히 있다가 잠시 후에 대답했습니다.

"아니요. 그녀가 거절하자마자 저는 어떻게든 그녀가 나쁜 사람이라는 걸 표현하고 싶었어요. 마땅히 해야 하는 일이라고 말해 주고 싶었어요. 말은 부탁으로 표현되었지만 사실은 강요였네요."

그녀는 다시 그 상황으로 돌아간다면 다른 동료에게 부탁을 해 보겠다고 했습니다. 그리고 서운했던 자신의 마음을 표현해 보고 거절한 상대의 말도 들어 보고 싶다고 했습니다. 자신의 부탁을 특정 상대만이 충족시켜 줄 필요가 없다는 것을 의식하자 마음도 조금 편안해졌다고 말했습니다. 그러고 나서 그 부탁을 거절한 동료의 욕구를 생각했고 곧 그것을 이해할 수 있었습니다. 하지만 여전히 서운할 수는 있습니다. 서로 편안하게 부탁을 할 수 있고 협조를 구할 수 있으리라는 신뢰가 중요했다면 말입니다. 그렇다면 그 마음을 표현할 수도 있습니다. 그러나 강요하는 것과는 구별하기를 원합니다.

서로를 위해 의무감이나 죄책감으로 하는 것이 아니라, 상대의 삶에 도움이 되고 싶어 하는 아름다운 마음에 바탕을 둔 행동이기를 원합니다. 우리는 충분히 그렇게 살아갈 수 있습니다.

효율성과
여유의 균형

． ． ．

우체국에 택배를 보내러 갈 때마다 저는 이렇게 합니다. 우선 첫 번째로 박스를 구입해서 포장을 합니다. 두 번째는 주소지 종이를 받아서 적습니다. 마지막으로는 번호표를 뽑고 기다립니다. 3번부터 하면 시간을 단축할 수 있지만 늘 쫓기듯이 적거나 포장하며, 마음이 급해져서 누군가 테이프나 가위를 혼자 쓰면 비난도 하게 되고 짜증도 납니다. 때로는 카운터에 가서 서둘러 적는 동안 직원은 기다리게 되어 미안한 마음도 듭니다. 그래서 저는 몇 년 전부턴 번호표를 마지막에 뽑기 시작했습니다. 그리고 천천히 기다립니다.

언젠가 교육을 가는 날 아침의 일이었습니다. 평소 고속도로를 거쳐 서울로 나가기 때문에 늘 일찍 서두른다고 하는데도, 가끔은 예상치 못한 일들로 고속도로가 꽉 막혀 당황스러운 경험을 하게 됩니다. 그날은 서울 시내까지는 어떻게 겨우겨우 왔는데, 시내에서 목적지를 바로 두 블록 앞두고 차들이 꼼짝을 하지 않았습니다. 가장 오른쪽 차선에 무단으로 주차를 해 둔 차 한 대가 있어서 그 차를 피하느라 다른 차들이 제 앞으로 자꾸 끼어들고 있었고, 저는 조급한 마음이 들어 경적을 올리며 바짝 바짝 제 차를 앞 차 바로 뒤에 밀어 붙였습니다. 끼어들려는 차를 쳐다보지도 않은 채 말입니다.

그 차를 탄 사람도 불쾌했을 것이고, 제 마음 역시 편치 않았던 것이 사실입니다. 그러나 저는 그 순간, 제 모든 불편함의 원인을 상대의 차주에 두고 있었습니다. 끼어드는 사람 때문에 제가 불쾌하다고만 생각했습니다. 그러다 문득 잔뜩 찌푸려지고 투덜거리고 있는 제 얼굴을 거울로 보게 되었습니다. 그제야 제 마음에 너그러움과 여유가 필요하다는 것을 알아차릴 수 있었습니다.

저는 약속 시간을 잘 지키고 싶은 마음과 효율적으로 시간을 활용하는 것을 중요시하지만 조급하고 싶진 않습니다. 효율성을 좇아 살다가 종종 놓치게 되는 여유와 느긋함 안에는 삶의 참 평화와 기쁨이 숨어 있기 때문입니다. 그런 제 모습을 보면서 다음에는 더 일찍 일어나 천천히 나오겠다고 스스로 약속을 했습니다.

삶의 여유를 찾는 습관은 작은 것부터 훈련해야 합니다. 효율성이라는 욕구와 여유라는 욕구의 균형을 맞추기란 좀처럼 쉽지 않습니다.

삶에서 여유를 잃어버릴 때 경험하게 되는 감정들은 그다지 유쾌하지 않은 경우가 많습니다. 일을 하거나 역할을 수행할 때, 효율성이라는 욕구를 충족하려고 앞서 달려가다 보면 종종 동료, 가족, 우리와 가까운 사람들의 마음 상태와 감정에 대해선 소홀해지기 쉽습니다. 또한 자신의 마음 상태도 돌아보기 어려워집니다. 왜냐하면 효율적으로 무언가를 하기 위해선 감정과 본질보다는 어떤 방법에 몰입하기가 쉽기 때문입니다.

하지만 대부분의 중요한 일들은 감정을 무시한 채 결정되지 못합니다. 중요한 일일수록 감정을 의식하는 것이 중요합니다. 왜냐하면 감정은 우리의 성취, 보람, 자신감, 유능함 등의 욕구들이 기저에 깔려 있는 중요한 신호이기 때문입니다. 진정한 보람과 성취, 자신감과 유능함의 경험은 결과로 무언가를 이루는 것 이상이며, 층층마다 걸어 올라가는 계단처럼 감정의 단계를 밟아 나아갈 때 가능합니다.

인정받지 못해도
괜찮다

　　　　　　　　직장 3년 차가 될 때까지도
끔찍한 직장 상사였던 그 사람 때문에 저는 눈치만 봤어요.
퇴근 시간이 가까워져 "일이 없나 보지?"라는 말이라도 하면
저는 마치 잠시 화장실에 가려 했다는 듯, 퇴근 준비를 하다
말고 다시 자리에 앉아 무언가를 꺼내 일을 하는 척했어요.
그분이 저를 판단하는 것은 늘 저의 촉각을 곤두세우는 일
이었고, 저는 일요일 밤이면 한숨을 푹 쉬며 반갑지 않은 월
요일을 맞이해야 했어요. 그분이 다른 곳으로 발령을 받았
을 때 저는 정말 살아난 것 같았지만, 다른 분이 상사로 왔
을 때 제 고통은 다시 시작됐어요.
직장 생활은 정말 잘 해야 본전인 것 같아요. 아무리 잘 해

서 점수를 따봐야 한 번 잘못 보이면 다 제로가 되거나 오히
려 마이너스가 되고 말죠. 직장에서 인정받는 것은 편안하
고 안정적으로 근무하기 위해 정말 중요하지만, 정말 큰 스
트레스이기도 하죠.

• • •

여러분은 누구에게 가장 인정받고 싶습니까? 가정과 직장 혹은 다른
소속된 곳에서 누구에게 가장 인정받고 싶은지 잠시 생각해 보십시오.
그리고 그 사람이 나에게 해 주었으면 하는 인정의 말을 생각해 보십
시오. 가령 "당신은 정말 최고야. 당신은 우리 조직에 꼭 필요한 사람이
야."라는 말과 같은 인정의 말을 떠올리면 됩니다. 그 사람에게 절대로
들을 수 없을 것 같은 인정의 말이라면 더욱 좋습니다. 눈을 감고 그 말
을 떠올려 보며 스스로 조용히 되뇌어 보십시오. 그 사람의 말로 여러
분의 가치를 결정짓는 그 말을 되뇌어 보는 것입니다.

　저도 '인정'이라는 가치에 많은 무게를 두고 살아왔기 때문에 끊
임없이 인정받고자 했던 사람들이 있었습니다. 그들에게 인정받으면
그 날은 마치 제가 꽤 쓸 만한 사람 같았습니다. 비난을 듣거나 인정받
지 못했을 땐, 다른 곳에서도 주눅이 들고 자신감이 없어서 의사표현도
제대로 하지 못했습니다. 그때 가장 인정받고 싶었던 사람을 떠올려 보
았습니다. 도대체 내가 어떤 인정을 받고 싶어서 그토록 그 사람의 눈
치를 보고 있는지.

그것은 바로 "당신은 정말 사랑받을 만한 사람이에요. 참 사랑스러운 사람이군요."라는 말이었습니다. 저는 눈을 감고 이 말을 조용히 스스로에게 되뇌어 봤습니다. 여러 차례를 나지막이 되뇌어 보았을 때, 제 눈에서 정말로 뜨거운 눈물이 흘러내렸습니다. 그것은 기쁨이 아닌 슬픔의 눈물이었습니다. 저의 존재를 타인의 평가에 온전히 내어 맡기고 살아가고 있는 제 삶에 대한 슬픔이었던 것입니다. 그 슬픔이 목을 꽉 메우더니 뜨거운 무언가가 가슴 속에서 올라오는 듯한 절절한 경험을 하게 되었습니다. 사랑받기 위해, 사랑받을 만한 사람이라는 인정을 받기 위해, 그 사람에게 복종하고 희생했던 순간들이 떠올라 뜨거운 눈물이 끝도 없이 흘렀습니다.

우리가 인정받고자 안간힘을 쓰게 되면 평등한 관계에서 살아가지 못하고, 수직적으로 지배하는 시스템 속에서 살아가게 됩니다. 누군가는 평가하는 위치에 올라서서 지시와 명령에 힘을 쓰게 되고, 누군가는 눈치보고 복종하는 데 힘을 씁니다. 이 시스템은 당근과 채찍, 서열로 유지되고 그것은 지위나 돈, 권위와 나이 등의 물리적인 힘으로 드러나게 됩니다. 상대의 선택을 존중하지 않을 뿐만 아니라, 스스로도 자신의 선택을 존중하지 못합니다. 옳고 그름이라는 이분법적인 답을 내세워 개개인의 욕구를 표현하며 방법을 선택하는 과정보다는 결과에 중심을 두게 됩니다. 이런 시스템에서는 가치관이나 열정을 의식하고 따르기가 쉽지 않고, 힘을 갖고 있는 사람이 우리를 어떻게 바라보고 평가하고 있는지가 더 중요하게 여겨지기 때문에, 우리가 무엇을 원하는지에 의식을 집중하는 것이 매우 힘듭니다.

　대부분의 사람들은 복종하는 위치에서 살아감과 동시에 평가하는 위치에 서 있습니다. 직장에서도 우리 밑의 직책을 갖고 있는 사람이 있고, 우리 위의 직책을 갖고 있는 사람이 있습니다. 자녀에게 우리는 부모라는 위치가 될 것이고, 부모님에게는 자녀라는 위치로 살아가고 있을 것입니다.

　우리는 무의식적으로 누군가를 억누르고 평가하며 조종하고 있으면서도 누군가로부터 그런 것을 당할 때는 내면에서 거칠게 반항하고 분노하고 좌절하고 무기력해지는 감정을 느끼게 됩니다. 누군가에게 평가받거나 조종당하며 그런 거센 감정을 느낄 때, 내가 억누르고 있는 누군가를 함께 떠올릴 수 있다면, 우리의 수직적이고 지배적인 힘을 평등하고 수평적인 힘으로 바꿀 수 있을 것입니다.

　평등한 힘을 유지시키려면 현재 우리 사회를 지배하고 있는 힘 있는 사람들의 인식 변화도 필요하지만, 그 밑을 받치고 또 지배체제를 강하게 유지시키고 있는 희생하고 복종하는 자들의 용기와 책임도 함께 요구됩니다. 복종하는 사람의 두려움 뒤에 숨어 있는 가치와 필요를 찾는 데에 힘을 쓰고, 상대의 관심도 중요하게 여길 수 있을 때 우리는 외부의 인정에 얽매이지 않고 자유로워질 수 있으며, 상대를 두려워하는 대신 진정으로 이해하며 품을 수 있게 될 것입니다.

　'인정'이라는 욕구가 외부에서 채워지지 못하면, '분노'라는 에너지로 바뀌어 폭력적으로 행동하기 쉽습니다. 또한 인정에 집착할수록 삶은 매우 건조해지며 기꺼이 주고 싶은 마음으로 상대에게 주기가 힘들어집니다. 그래서 인정은 외부가 아닌 내부에서 채워지는 것이 가장 온전하고 가치 있다는 것을 기억해야 합니다. 우리 존재 그 자체를 인정하는 것보다 더 값진 인정은 없습니다.

취약함을 드러내는
소통

처음으로 어떤 모임에 참석했을 때를 생각해 봅시다. 그들은 이미 모두가 아는 사이고, 나만 처음 간 자리입니다. 우리는 몸에서 어떤 증상들이 나타나는지 느낄 수 있습니다. 손에 땀이 날 수도 있고, 얼굴이 붉어질 수도 있습니다. 심장이 빨리 뛸 수도 있고 입술이 바짝바짝 마를 수도 있겠습니다. 이런 몸의 변화 뒤에 올라오는 감정은 대개 긴장감과 불안 혹은 어색함입니다. 이럴 때 우리는 생각에 빠지고 맙니다.

'이런 모습을 보이면 바보처럼 보일 거야. 그냥 아무렇지 않은 척 가만히 있으면 돼.'

'다른 사람처럼 대범한 척하자. 긴장하면 무시당할지도 몰라.'

스스로의 가치나 필요를 바탕에 두고 느끼는 자연스러운 감정이 아니라, 생각과 판단에서 올라오는 두려움에 바탕을 두고 있는 것이 바로 '약함'입니다. 그래서 이런 약함이 상대에게 포착되었다고 생각될 때, 우리는 종종 도망가 버리거나 공격하거나 혹은 얼어붙어 버립니다. 즉 아무것도 못하게 되는 방식으로 무기력하게 반응하며 대처하는 것입니다. 이런 행동은 인간관계의 연결을 만들어 주지 못하고, 스스로를 고립시키게 되므로 풍요로운 관계가 차단됩니다. 또한 스스로 그런 상태를 만들게 되면 자신이 무엇을 필요로 하는지 발견하기도 어려울 뿐더러, 알게 된다 하더라도 우리 내부에서 그 필요를 찾지 못하고 상대에게 의존하게 됩니다.

스스로 자기의 '약함'과 '여림'을 드러내는 것, 즉 우리의 '취약함'을 표현한다는 것은 우리의 소중한 필요가 채워지지 못할 때 느껴지는 감정을 표현하는 것입니다. 이는 스스로와의 연결 또 상대와 연결을 하는 데 그 목적이 있습니다. 그런 필요를 표현하고자 할 때 그것이 얼마나 중요한 일이고, 그로 인해 현재 얼마나 겁이 나고 두렵고 서글픈지를 표현함으로써 상대가 우리를 이해하는 데에 큰 도움을 줄 수 있습니다. 만일 창피해서 혹은 상대가 나를 어떻게 생각할까 하는 두려움으로 인해, 우리의 약함을 표현하지 못한다면 상대는 우리를 깊이 이해하기 힘들지도 모릅니다.

다시 돌아가, 낯선 모임에 합류하게 되었다고 생각해 봅시다. 취약함을 드러내며 소통하는 것은 이런 것입니다.

"여러분들은 기존에 서로가 잘 알고 계시다고 들었어요. 전 오늘 처음 합석을 하게 되니 좀 긴장도 되고 두렵기도 하네요. 웃으며 이야기도 하고 싶고 친밀하게 지내고 싶은데 좀 어려워요. 저도 좀 편안하게 이곳에서 지내면 좋겠는데, 저와 눈이 마주치면 미소라도 지어 주신다면 제가 좀 편안하게 머물 수 있는 데 도움이 될 것 같아요."

인간적인 취약함을 뭔가 부족하거나 결핍된 약함으로 받아들인다는 것은 이런 것입니다.

"신경 쓰지 마세요. 전 아무렇지도 않아요. 원래 이렇게 조용히 있는 게 좋답니다."

감정을 모두 표현하라는 것은 반드시 취약함을 드러내라는 것이 아니라, 그 순간 우리의 느낌과 깊이 연결되어 그것을 막지 말고 느껴보라는 것입니다. 상대에게 우리의 느낌을 표현할지 안 할지는 어디까지나 선택입니다. 그러나 그 느낌을 갖는 것에 대해 수치스럽게 생각한다면 그것은 건강하지 못한 소통이 될 수 있습니다. 왜냐하면 감정은 언제나 우리가 무엇을 필요로 하는지에 대해 솔직하게 말해 주는 신호등이기 때문입니다. 그 신호등에 의식을 기울여야 합니다. 그리고 그 신호등이 말해 주는 우리의 필요를 찾기 바랍니다.

분노를 다룰 때
소통이 이루어진다

• • •

하루에도 여러 차례 부글부글 끓는 분노가 올라올 때면, 그것을 평화롭게 표현하고 나누기란 거의 불가능하게 여겨집니다. 그럴 때는 이렇게 해 보는 겁니다.

　첫 번째, 상대의 어떤 행동을 보거나 어떤 말을 들었을 때 분노를 느낀다면? 상대의 행동이나 말이 내 분노의 원인이 아니라, 단지 자극일 뿐이라는 것을 알아채는 것입니다. 만약 '자기표현'이 중요한 가치라면, 회의 중에 상대가 20분 동안 자기 이야기만 쏟아냈을 때 짜증이 날 것입니다. 그러나 지금 휴식이 중요해서 말하지 않고 쉬고 싶은 상황이라면, 상대가 20분을 이야기해도 편안할 수 있습니다. 상대가 하는 행위는 같은데 우리의 감정이 다르게 반응하는 까닭은 지금 무엇을 원하는지에 따라 감정이 변하기 때문입니다. 상대의 행위는 자극일 뿐, '분노'라는 감정의 원인이 되지는 못합니다.

이것을 알아채고 또 구별할 수 있다면 상대의 행위에 자극을 받았을 때, 우리가 진정으로 원하는 욕구가 무엇인가에 집중할 수 있게 됩니다. 그리고 그 욕구를 표현하고 상대에게 부탁할 수 있습니다.

'저 사람이 20분 동안이나 자기 얘기만 하는 걸 들으니 짜증이 나네. 나도 내 의견을 표현하고 싶어. 서로가 공정했으면 좋겠어!'

"저는 우리가 회의 시간을 공정하게 사용하고, 개인들의 의견을 골고루 들어 봤으면 좋겠어요. 저도 말하고 싶은 내용이 있고요. 그래서 5분 정도 제 의견을 표현하고 싶은데, 어떻게 생각하세요?"

두 번째는 상대가 우리를 향해 비난의 메시지를 쏟아 부을 때입니다. 그럴 때 '지금 저 사람은 자기가 원하는 대로 되지 않아서 저렇게 표현하고 있구나!'라고 스스로 생각하는 것입니다. 비폭력대화의 마셜 박사는 상대가 우리를 향해 비난을 퍼 부을 때 그 비난은 "It's not about me."(그것은 나에 대한 것이 아니야)라고 표현했고, '상대를 비난하는 것은 자신의 충족되지 못한 욕구를 비극적인 방식으로 표현하는 것'이라고 말했습니다.

만일 상대가 "넌 정말 너 밖에 몰라!"라고 말한다면, 상대가 진짜 원하는 것은 '나도 정말 배려 받고, 내 의견도 존중 받고 싶어!'라는 것입니다. 그런데 상대가 분노하고 있기 때문에 습관적으로 공격하는 방식으로 표현하게 된 것입니다. 상대가 어떻게 말을 하든지, 그 속의 욕구를 알아채고 들어줄 수 있다면, 그 말을 들으면서도 같이 화를 내지 않고 상대를 공격하지 않을 수 있게 됩니다.

만일 상대가 이렇게 말했다고 합시다.

"나는 널 그동안 정말 잘 도왔어. 그런데 넌 날 위해 이 정도도 못 해 주니? 그 정도 매너도 없는 사람이었니?"

우선 이 말을 들었을 때 우리의 감정과 아쉬운 욕구를 찾습니다.

'저 말을 들으니까 나도 서운하고 억울하네. 내가 지금 도울 수 없는 상황에 대해 이해해 줬으면 하는데, 나도 정말 돕고 싶은 마음이 있다는 것을 믿어주기를 바랐는데 말이야.'

그리고 이번에는 그 말을 한 상대의 마음을 읽어 주는 것입니다.

"네가 그동안 나를 도운 것에 대해서는 너도 감사의 표현을 듣고 싶었을 거야. 그리고 너에게 도움이 필요할 땐 도움을 받을 수 있을 거라는 믿음도 중요했을 거고. 그래서 내가 거절했을 때 많이 서운하고 화가 난 거지?"

이렇듯 우리를 비난하는 상대의 '말'에 집착하며 같이 화를 내는 것이 아니라, 그 속에 담긴 '마음'과 '욕구'를 들어줄 수 있어야 한다는 것입니다. 그러면 우리는 상대를 공격하고 싶은 생각에서 벗어나 그 순간에도 내 자신을 보호하며 상대를 이해할 수 있게 됩니다. 분노를 건강하게 표현한다는 것은 바로 이런 것입니다.

분노를 다룬다는 것은 그 감정을 억누르는 것이 아니라, 그 감정이 어디에서 비롯된 것인지를 자각하고, 그것을 욕구와 연결지어 부탁으로 다시 재해석하는 과정입니다. 우리 안에 분노가 올라오면, 공격하기 전에 멈추고 생각해 보십시오. '지금 내 마음에서 간절히 바라는 것이 무엇인가?' 상대가 분노를 표현하면, 즉각적으로 반응하기 전에 생각해 보십시오. '지금 저 사람이 저런 방식으로 표현하는 말 뒤에 숨은 진짜 바람이 무엇인가?'

호기심과 배려,
소통을 여는 열쇠

• • •

"사랑하는 사람이 어떤 것을 해 줄 때 가장 좋았어요?"

"제 이야기를 온전히 들어줄 때요."

"온전히 들어주었다는 것을 어떻게 아셨나요?"

"음…. 그 사람이 하던 일을 중단하고, 저에게 오더니 제 앞에 앉아서 제 이야기를 끝까지 들어주었어요. 저를 바라보면서 말이죠."

"와, 저 멋진 풍경 좀 봐봐!"

누군가 그런 말을 합니다. 만약 처음 가는 여행길이라면 읽던 책을 덮고서, 시선을 고정하고 그것을 바라볼 것입니다. 그러나 아무리 멋진 풍경이라도 자주 봤던 곳이라면 읽던 책을 계속 읽으며 건성으로 대답만 할지 모릅니다. 우리는 궁금하고 관심이 있으면 하던 행동을 멈추고 그 대상을 바라봅니다. 그런데 가까운 사람, 잘 아는 사람과는 어렵지 않은 이 행위가 잘되지 않는 것 같습니다.

사랑하는 사람과의 대화가 유독 어려운 이유는 바로 과거의 경험이나 기대 때문이 아닐까 싶습니다. '네가 무슨 말할지 난 이미 알아. 뻔하지.' 하는 과거의 경험 또는 '내가 아무 말 안 해도 내 마음을 알겠지?' 하는 가능성이 희박한 기대가 상대와의 대화를 가로막아 버립니다. 또 '사랑하기 때문에 하는 말이니까, 내 말을 듣는 게 좋은 거야.'라는 비뚤어진 애정이 상대와의 연결을 끊어버리곤 합니다.

우리가 가장 잘 알 수 있는 유일한 존재는 바로 '나'입니다. 자신을 제외하고 우리는 아무도, 그 누구도 잘 알 수 없습니다. 하루에도 수십 번 변하는 상대의 감정을 정확히 알기는 어렵고, 더불어 그가 무엇을 원하는지는 더욱 알기 힘듭니다. 추측하는 것 외에 할 수 있는 것이 없습니다. 가까운 사이일수록, 깊은 애정을 느낄수록, 기대할수록 대화를 나누는 데 어려움을 느낄 수 있습니다.

상대의 말을 잘듣기 위해 필요한 것은 '나는 당신에 대해서 아무 것도 알지 못합니다.'라는 호기심의 자세입니다. 그리고 하던 일을 멈추고 온전히 마주 앉아 상대의 말을 들으면서 미지의 세계로 들어가는 것입니다. 호기심의 자세로 상대의 말을 듣게 되면, 끝까지 경청할 수 있습니다. 귀를 기울이는 것뿐만 아니라, 마음을 온통 그 상대에게 두게 되고 그 안에서 상대의 살아 움직이는 에너지를 느낍니다.

상대가 만약 우리가 원하는 것과 다른 행동을 할 때에도, 가르치려 하는 대신 호기심으로 반응하고 그 행동을 선택한 상대의 욕구와 연결 지을 수 있는 능력이 있다면 대화에 생기가 돌 것입니다. 지금 우리가 가까운 사람과 대화를 나눈다면, 잠시 눈을 감고 말해 보십시오.

'지금부터 나는 이 사람에 대해 아무것도 알지 못한다. 그리고 이 사람이 표현하는 그 세계로 기꺼이 들어가 함께 머물러 봐야겠다.'라고 말입니다.

운전을 하다 보면, 옆 차선 차가 내 앞으로 들어오려 할 때가 많습 니다. 그럴 때 종종 양보를 합니다. 그러면 앞 차는 비상등을 켜고 고마 움을 표현하기도 합니다. 얼굴도 모르는 상대에게 기여하는 기쁨은 바 로 '나의 것'이 됩니다. 차선을 변경하려 깜빡이를 켜도 뒤의 차들이 양 보해 주지 않을 때 '저 차가 무지 급한가 보다.'라고 생각합니다. 얼굴 도 모르는 상대를 이해하며 누리는 평온도 '나의 것'이 됩니다.

삶을 살아가는 순간순간마다 이익과 손해라는 개념에서 딱 한 발 자국만 떨어져 바라보면, 감사와 평온은 더욱 가까이 다가옵니다. 그리 고 그것이 삶에 유익하다는 건 그걸 경험한 바로 그 순간에 알 수 있습 니다. 우리가 베풀고 있다고 생각하는 많은 것들을 곰곰이 생각해 보 면, 사실은 우리 자신을 위한 것임을 알게 됩니다. 그것을 알게 되면 기 꺼이 나눌 수 있습니다. 시간과 노력 그리고 힘과 자원을 상대에게 주 는 기쁨을 경험하게 될 것이고, 이를 통해 삶에서 큰 즐거움을 누릴 수 있습니다.

배려란, 상대를 위해 희생하는 것이 아니라 상대를 통해 나의 행복을 느끼는 것입니다. 소통은 이런 배려의 마음을 갖고 있을 때 부드러워질 수 있습니다. 때론 얄미워서 그렇게 하고 싶지 않아도 괜찮습니다. 주고 싶지 않아도 괜찮습니다. 그런 우리의 마음을 나무라지 않아도 됩니다. 충분히 얄미워하고, 안 주고 싶은 마음을 느껴도 괜찮습니다. 자신을 보호하고 배려 받길 원하는 그 마음을 존중해 주십시오. 자신의 존중과 보호가 얼마나 중요했는지, 그래서 그만큼 상대를 미워했는지를 충분히 애도하면, 우리는 다시 회복될 것입니다. 상대의 반응과 상관없이, 상대의 감사와 상관없이 내면의 움직임으로 배려하고 있다는 것을 확인하며, 스스로의 인간성에 대해 확신하고 회복해 갈 것입니다. 무언가를 기대하는 것을 넘어서서, 내 마음에서 나의 인간성에 맞는 행동양식을 선택해 가는 삶만큼 아름답고 성숙한 삶이 또 있을까 싶습니다.

존중에 의한 리더십과
권위에 대한 두려움

"차라리 그냥 시키는 게 편해요. 알아서 하라고 해 놓고 제대로 못하면 다 우리들 탓으로 돌리는 회사인 걸요. 소통이요? 관두세요. 그냥 시키는 것만 하고 안전하게 지내는 게 나아요. 괜히 주인의식 갖고 나섰다가는 책임만 뒤집어쓴다니까요."

"새로 온 부장님은 정말 무서워요. 일단 찍히면 인사고과는 끝이에요. 시키는 대로 하고 적당히 승진하다가 더 좋은 회사로 옮기면 돼요."

● ● ●

많은 기업에서는 해마다 엄청난 비용을 들여서 소통 교육을 진행합니다. 보통 팀워크와 리더십은 팀원들 각자의 소통 능력과 팀 내에서의 소통 관계에 따라 질이 결정됩니다. 그럼에도 불구하고 많은 기업에서 매년 이런 비용을 들여 소통 교육을 실시하는 까닭이 무엇이겠습니까? 아마도 가슴에서 시작된 동기의 움직임이 없기 때문이 아닐까 합니다. 소통을 그저 기술로만 받아들이고 상대를 설득하여 내 뜻대로 조종하려는 의도로 생각하기 때문은 아닐까 하는 생각도 듭니다.

아무리 수평적인 분위기라 하더라도 실질적으로 지배체제에서 의사를 결정하는 힘은 리더에게만 있고, 리더에 대한 무조건적인 복종이 가장 중요하기에 각자의 내재적인 동기에 따라 움직이는 것이 아니라, 이런 외적인 동기로 움직이는 것이 참 안타깝고 걱정스럽습니다.

두려움과 인정이라는 동기로 어떤 행동을 하고 움직인다면, 조직에서 인간적으로 풍요롭고 만족스럽다고 느끼기란 매우 어려울 것입니다. 급여나 진급이 개인적인 보상과 보람, 성취에 큰 에너지가 되는 것은 분명하지만, 그것만으로 조직 생활에서 인간다운 만족을 느끼기는 힘듭니다.

그것보다는 존중에 의한 리더십이 발휘되는 조직이었으면 좋겠습니다. 존중에 의한 리더십은 수평구조에서 시작하는 것입니다. 수평구조란 각자의 포지션이 모두 같다는 의미가 아니라, 각각의 역할을 존중하는 것입니다.

업무에 있어서 공동의 목적이 있고 공동의 가치가 있지만, 그것을 수행하는 과정에서 모두 다른 개개인의 욕구와 감정을 살펴볼 필요가 있습니다. 공동의 목표를 공유한다 하더라도 개개인이 모여서 일을 할 때는 조직원들의 감정을 존중하지 않고서는 진정한 팀워크가 발휘되지 못하기 때문입니다. 가정이든, 학교든, 기업이든, 군대든 어느 조직이든 마찬가지일 것입니다. 그런 의미에서 조직원들의 개인적인 감정을 보살피는 리더의 역할이 정말 중요한 것입니다.

리더는 그 사회적인 직책만으로도 이미 충분한 권위와 힘과 영향력을 갖고 있습니다. 조직의 리더들이 갖고 있는 존재감이 아주 매력적이면서도 외로울 수밖에 없는 이유는 이 힘 때문일 것입니다.

리더는 자신의 힘을 지혜롭게 사용하면서도 동시에 그 힘을 내려놓을 수 있어야 합니다. 그래야 조직원들과 연결될 수 있고 그들의 마음을 이해할 수 있으며, 자발적으로 따르는 관계로 이어질 수 있기 때문입니다. 직책이나 역할은 사회적으로 수직적이고 권위적이더라 해도 각 개인은 충분히 수평적이고 평등할 수 있습니다. 그런 유연함을 갖고 구성원들의 억눌림과 리더의 외로움이 진정으로 만나게 될 때, 그 순간은 아름다운 연결이 되어, 리더십의 중요한 전제가 될 것입니다.

조직에서 뛰어나고 사회적으로 성공했다고 평가받는 리더들이 가정에서 소외되고, 자녀와의 갈등에서 어려움을 겪는 것을 볼 때면, 저는 과연 그들이 조직 내에서 훌륭하다고 평가받는 리더십이 진정한 것인지, 아니면 그가 갖고 있는 권위나 직책이 보여 주는 두려운 힘일 뿐이었는지 혼란스러워집니다.

어떤 이는 가정과 사회에서의 리더십은 다르다고 하지만 저는 결코 다르지 않다고 생각합니다. 만일 다르다면 진정성의 힘이 다를 뿐일 것입니다. 왜냐하면 가정에서는 리더로서의 직책이나 자리가 아무런 힘을 쓰지 못하기 때문이고, 가정에서는 오로지 진정한 사랑에 근거한 삶의 태도가 리더십으로 발휘되기 때문일 것입니다.

자기가 옳다고 주장하는 것이 아니라 자신이 원하는 길에 상대를 초대하고 자발적으로 따라올 수 있도록 기꺼이 손 잡아줄 수 있는 사람, 저는 그런 리더를 볼 때 마음이 끌립니다. 그래서 그들이 가는 길, 모두의 가슴에는 수단이 아닌 아름다운 목표와 목적이 있길 바랍니다.

건강한
피드백

　　　　　　　　　　　　　"저 사람은 매우 유능합니
다. 의사소통이나 협상능력도 뛰어나고요. 저 사람의 능력
덕분에 우리 매출이 16퍼센트 향상된 것은 아시죠?"
"그렇지만 저 사람은 너무 나약해요. 인정이 많아서 큰일에
는 실수할 확률이 높아요. 좀 더 강하고 결단력이 있어야 한
다고 생각합니다."
"저 사람은 조직원들과 잘 융합하지 못해요. 성격이 내성적
이기 때문에 저 성격을 고치지 못한다면 우리 조직에서 결
국 겉돌고 말 겁니다. 당연히 업무수행능력도 기대할 수 없
을 거라 생각해요."

• • •

우리는 객관적이라고 생각하는 피드백을 주고받지만, 그 속에는 사실 주관적인 판단과 평가가 주를 이룬 경우가 많습니다. 그리고 그 속에서는 오해와 불만을 비롯한 세세한 갈등이 포함될 수 있습니다.

공동의 목표를 세우고 팀이 한 방향으로 나아가는 것이 어려운 이유는 공동의 가치를 수행할 때 개인의 가치가 반영되기 때문입니다. 각 개인이 모인 집단에서는 자신의 가치와 상대의 가치를 충족하는 방식에서 갈등을 겪는 것이 어쩌면 당연할지도 모릅니다. 그러므로 일터나 가정에서 갈등에 휩싸이거나 결과에 대해 피드백을 주고받을 때는 서로의 감정을 배려하는 것이 중요합니다.

피드백은 정확한 관찰을 바탕으로 이루어질 때, 공정하게 받아들여질 수 있습니다. 개인적인 판단은 다양한 인간의 모습을 설명하고 진단하기에는 정말로 턱없이 부족합니다.

최소한 한 사람을 놓고 피드백을 주고받는다면, 먼저 개인의 존엄성을 보호해야 할 책임감을 인식해야 합니다. 긍정적인 피드백이든 부정적인 피드백이든 그것은 어디까지나 개인적인 경험에서 비롯된 판단일 것입니다. 긍정적인 피드백이라면, 상대의 행동으로 인해 나의 개인적인 어떤 욕구가 충족되었는지를 표현하고, 부정적인 피드백을 하려면 그 사람의 행동으로 나의 어떤 욕구가 충족되지 못했는가를 표현하며, 궁극적으로는 조직의 가치와 개인의 가치들이 어떻게 충족될 수 있는지에 대한 해결 방향을 찾아야 합니다. 그것은 우선 관찰된 것들을 표현하고, 그것을 통해 입력된 자신의 생각을 말하는 것에서부터 시작하면 됩니다.

"저 사람은 우리 부서에 배치되고, 지난 1년 동안 하루도 빠지지 않고 출근 시간을 준수했습니다. 또한 세 차례의 해외 출장에서도 회사 규정 내에서만 법인 카드를 사용했다는 보고를 받았습니다.(관찰, 사실) 그것을 봤을 때 저는 저 사람이 매우 성실하다는 생각을 하게 되었습니다.(개인적인 생각) 성실성은 우리 팀에서 매우 중요한 요소라고 생각하기 때문에 저는 저 사람과 근무하는 것이 신뢰가 갔고 무척 편안했습니다"(나의 느낌과 충족된 욕구).

구체적인 관찰은 말하기 이전에 이것이 판단인지 아니면 관찰인지를 구별하고 생각해 볼 시간을 필요로 합니다. 이것이 구체적이고 사실에 근거하는지를 먼저 의식하는 것입니다. 무엇보다 이렇게 관찰로 피드백을 주고받으려면 진정으로 그 대상에 관심을 갖고 보아야 하고 기록해야 할 수도 있습니다.

어떤 분이 "번거롭게 그걸 일일이 어떻게 기억합니까?"라고 물었습니다. 한 사람의 중요한 삶이 결정될 수도 있는 피드백을, 그 정도의 관심과 노력도 없이 말한다면 그것이 과연 진정한 피드백이 될 수 있겠습니까? 입장을 바꿔서 누군가 우리에 대해 피드백을 준다면 그 정도의 관심과 노력을 받고 싶지 않겠습니까? 판단은 개인의 가치 기준 대로 보고, 옳고 그른 대로 생각해 버리는 것이기 때문에, 상대는 동의하지 않을 수도 있으며 공정한 피드백이라고 생각하지 않을 수 있습니다.

모든 피드백에는 개인의 욕구가 담겨 있길 바랍니다. 그리고 자신이 옳다고 믿는 수단은 자신만의 생각임을 인정했으면 좋겠습니다.

모든 조직에는 공동의 목표, 비전, 가치가 있을 것입니다. 그리고 그것을 위해 함께 노력하는 개개인 각자의 가치도 갖고 있을 것입니다. 자신의 가치가 중요하고, 그 가치를 이루기 위해 가장 적절한 방식이라 여겨지는 일도 있을 것입니다. 만일 동료가 내가 생각하는 그런 방식대로 행하지 않는다면 우리는 그에 대해 뭔가 부족한 사람이라고 결론지을 수도 있습니다. 그렇기 때문에 피드백은 언제나 개인적인 욕구와 수단이 함께 드러나야 의도대로 전달할 수 있고, 상대의 가치와 그것을 충족하는 방법에 대한 이해도 가능하게 됩니다.

"저는 업무의 효율성이 중요하고, 서로에 대한 배려가 충족될 때 일에 집중할 수 있는데(효율성과 배려에 대한 가치), 저 분은 지난주에 먼저 퇴근하시면서 맡은 일을 끝내고 제 책상 위에 메모까지 적어두고 가셨어요. 급한 일이 있으면 연락 달라고요.(수단, 방법) 그걸 봤을 때 저는 효율성이 있으면서도 배려까지 받는 기분이었어요. 그래서 저 분이 우리 팀에는 정말 필요한 사람이라는 생각이 들었습니다."

"저는 우리 회사의 공동의 가치를 위해선 상호 협동과 책임감이 중요하다고 생각합니다.(상호 협동, 책임감에 대한 가치) 그러기 위해선 퇴근 시간이 지나더라도 함께 퇴근하기를 바라고요.(내가 선호하는 방법) 그런데 저 분은 지난 2주간 4번을 퇴근 시간 10분 전에 퇴근하셨습니다. 그것을 보면서 저는 아쉬웠어요. 그래서 그 점이 서로 이해되었으면 좋겠고, 적절한 방법을 찾았으면 합니다."

피드백을 주고받는 과정에서 서로 상처를 받고, 공정치 못하다는 억울함을 느끼며, 자신만을 변호하고 변명하며 보호하려는 까닭은 속이 좁고 옹졸하거나 능력이 없어서가 아닙니다. 그것은 피드백을 나누는 과정에서 관찰보다는 개인적인 판단이 사실화되어 표현되기 때문이고, 가치를 표현하기보다는 가장 최적이라고 생각하는 개인만의 방법에 집착하며, 그것대로 행하지 않는 상대를 비난하는 말로 드러나기 때문입니다.

개인이 자신의 행동에 정당하게 책임지며 상대의 피드백을 수용할 수 있으려면, 우선은 그 개인이 한 행동을 관찰로 표현할 수 있어야 하고, 그 행동으로 인한 결과도 관찰로 나올 수 있어야 합니다. 그리고 그것을 책임질 수 있을 때 상처를 받지 않고 명확한 해결로 나아갈 수 있게 됩니다.

생각해 보십시오. 피드백을 주고받을 때 감정을 배제하고 철저히 이성적으로 들으라는 것이 과연 가능하겠습니까? 감정은 변화무쌍하게 격동하는 에너지입니다. 그리고 그것을 무시하면 그 감정은 예상치 못한 곳에서 엉뚱하게 표출하며 더 큰 화를 초래합니다. 회의실에서 갑자기 서류를 집어 던지며 나가고, 동료의 조언을 겸허히 듣겠다고 했지만 "그만해!"라고 소리를 지르며 나가버릴 수도 있습니다. 회사의 중요한 협상에서도 너무 불쾌한 나머지 협상을 중단하기도 하며, 감정적으로 결정을 내리고 돌아보지 않는 경우도 있습니다. 우리는 감정을 지닌 인간이며, 서로의 감정을 잘 보호할 필요가 있고, 감정 뒤에 상대가 존중 받기 원하는 가치, 특히 인정, 자율성, 친밀감과 같은 것들을 서로 보살피며 말해야 할 책임이 있습니다.

가족의 생계를 책임질 뿐만 아니라, 십 수 년의 노력 끝에 혹은 개인적인 고통 끝에 찾은 직장이나 조직이라는 것을 기억하면서, 상대에 대한 관찰과 상호 존중의 의식으로 피드백을 주고받으며 더불어 성장하는 것이 얼마나 중요한지 마음으로 이해하면 좋겠습니다.

자율성의 존중,
가치의 이해

• • •

다시 처음으로 돌아가서 '소통'의 목적을 생각해 봅니다. 소통의 목적
은 상대를 내 뜻대로 조종하거나 내가 바라는 해결방식을 이루어내는
것이 아닙니다. 인간관계에서 맺어가는 소통의 목적이 '깊은 연결'이기
를 바랍니다. 해결과는 다른 의미의 연결, 이것은 서로에 대한 자율성
의 존중과 각자의 가치에 대한 깊은 이해입니다.

　우리가 살아가면서 맺어가는 관계는 참 다양합니다. 우리가 혼자서
살아갈 수 있는 존재가 아니라는 사실은 우리의 인간관계를 보면 알 수
있고, 그 관계에서 스트레스를 받으면서도 얼마나 집착하고 있는지를
보면 알 수 있습니다. 그렇다면 이왕 맺어가는 이 관계를 좀 더 평화롭
고 행복하고 안전하게 연결하며 살아가는 것이 유익하지 않겠습니까?

우리 모두는 각자의 삶에 아주 중요한 가치들을 갖고 살아갑니다. 앞서 말한 대로 그 가치는 어렸을 적에 부모님이나 보호자들의 양육방식에 의해 학습되었을 수도 있고, 살아가는 도중에 경험하고 의식하면서 형성했을 수도 있습니다. 모두가 각각 갖고 있는 가치들은 삶에 결정적이고, 상대에게도 그만큼 똑같이 중요할 것입니다.

만약 조직에서 협상 테이블에 앉았다고 한다면, 어떻게든 조직의 이익을 위해 상대를 설득하려 할지 모릅니다. 만약 자녀와 어떤 결정을 놓고 서로 반대되는 의견을 갖고 있다면, 어떻게든 자녀의 마음을 돌리기 위해 설득하려고 할지 모릅니다. 그러나 만일 목적을 위해 수단과 방법을 가리지 않고, 상대의 가치를 이해하려는 노력 없이 설득하려고만 한다면, 그 설득과 협상은 성공보다는 실패에 다다르게 될 것입니다.

협상의 진정한 의미는 상대가 원하는 욕구를 이해하고 서로 충족할 수 있는 방법을 찾아가는 것입니다. 우리의 이익만큼 상대의 이익도 최선으로 고려해야 합니다. 그 이익이 무형적인 가치 혹은 유형적인 것일지라도 상대의 입장에서 이해하는 노력이 중요합니다. 그러자면 상대가 선호하는 수단과 방법이 아니라, 상대가 원하는 가치에 대한 진정한 이해가 있어야 하고, 상대가 원하는 방식대로 선택하고자 하는 상대의 자율성을 인정할 수 있어야 합니다. 그 인정은 상대의 생각이나 방식에 동의한다는 것과는 다른 의미입니다. 상대의 방법에는 동의하지 않아도 상대의 가치에 대한 이해와 방식에 대한 자율성은 존중할 수 있다는 의미입니다.

　이것이 중요한 이유는 우리가 그럴 수 있을 때에 상대에게도 우리의 가치와 자율성에 대해 이해 받을 수 있기 때문입니다.

이것이
소통의 목적인
'깊은 연결'입니다.

　우리는 언제나 머리보다 가슴이 강합니다. 이성보다는 감정이 우선합니다. 어느 것 하나 중요치 않은 것이 없지만, 감정과 감정에 무의식적으로 반응하는 행동은 이성보다 강렬합니다. 이성에 따른 냉철한 분별력과 판단, 직관력은 감정을 무시하고 이루어지는 것이 아니라, 감정을 충분히 수용하고 받아들일 때 가능한 것입니다.

　냇가에 가서 발로 물속을 휘저어 버리면 그 물은 금세 혼탁해질 것입니다. 그러나 그 혼탁한 물을 가만히 바라보고 수용하면 다시 그 물은 맑아질 것입니다. 그 맑음 속에서는 물 안의 물고기와 생물체들이 명확하게 보입니다. 마찬가지로 감정이 몸과 마음을 헤집어 놓으면 아무것도 명료하게 볼 수가 없습니다. 가만히 우리의 감정을 느끼고 바라보면, 그것은 생각과 분리되며 느낌과 감정이 차분히 가라앉는 것을 알게 됩니다. 그러고 나면 맑은 정신에서 이성적이고 직관적인 판단이 떠오릅니다.

감정을 솔직히 느끼며 서로의 가치를 이해하고, 자율성을 존중한다면 서로가 깊은 연결을 통해 만족스러운 해결책을 찾아갈 수 있을 것입니다. 설득의 진정한 이름은 자율성에 대한 인정과 가치에 대한 이해입니다.

에필로그

소통의 목적,
당신과 나의 깊은 연결을 위해

우리는 어려서부터 이렇게 배웠습니다. 인사를 할 때에는 고개를 숙여야 겸손해 보이는 거라고, 어려움에 처한 친구를 보면 가서 도와주어야 좋은 사람이라고, 상대가 이야기를 할 땐 끝까지 듣고 의견을 표현해야 리더가 된다고, 하고 싶은 말이 있을 때도 참아야 성숙한 사람이라고, 작은 것에도 언제나 감사해야만 인정받을 수 있다고, 남들이 놀 때 더 노력해야만 성공할 수 있다고, 어려서부터 우리는 어떤 행동을 할 때, 또한 그 행동이 남들보다 뛰어날 때 비로소 인정받고 사랑받고 성공할 수 있다고 배웠습니다. 그러나 그 행위 자체의 가치와 행복과 기쁨에 대해선 배우지 못했습니다. 남을 돕는 그 자체, 인사를 하는 그 자체, 일상의 소소한 삶을 감사하는 그 자체에서 오는 기쁨과 행복에 대해선 경험하기 어려웠습니다. 왜냐하면 그 기쁨을 느끼기 이전에 어떤 보상을 받아왔기 때문입니다. 보상을 손에 넣는 순간, 행위 그 자체의 기쁨은 날아가 버렸습니다.

그래서 무언가를 하지 않아도 내 존재가 아름답고 사랑받을 자격이 있음을 경험하지 못했습니다. 우리는 그렇게 성장해 왔습니다. 그런 우리가 이 사회를 이루고 있습니다. 존중이 무엇인지, 그 진정한 힘을 경험하지 못했는데 존중하라고 하고, 사랑을 받아보지 못했는데 사랑하라고 하며, 남을 도와야만 어려울 때 도움을 받는다고 강요하며 이를 성공의 수단으로 사용하고 있습니다. 사람을 수단으로 보이는 세상에서 소통을 나눈다면 그 과정과 결과는 비극일 수밖에 없습니다.

모두가 외로워졌습니다. 소중한 우리의 아이들이 스스로 목숨을 끊어 세상을 떠나고, 사랑하는 남편이 스트레스로 인한 과로사로 세상을 떠나고, 아름다운 아내가 우울증으로 웃음을 잃어버리며, 조직에선 서로가 살아남기 위해 상대를 밟고 일어서는 데에만 힘을 쓰며, 사회에선 억울함으로 서서히 죽어가는 이들이 늘어나고 있습니다.

상대를 향하던 비난의 초점을 거두고, 내면의 의식을 관찰하다 보면 알게 되는 두 가지 사실이 있습니다. 상대와의 대화가 원치 않는 방향으로 흘러가서 결국 모두가 상처를 받는 두 가지 원인 중 하나는, 원치 않게 형성된 우리 자신의 에고(사고) 때문이라는 것입니다. 그 힘은 우리가 의식하지도 못하는 사이에 아주 어려서부터 학습으로 다운로드 되었기 때문에, 어른이 된 지금에서도 우리는 그것을 습관적이고 무의식적으로 따르며, 우리의 사고와 상반되는 말과 행동을 하는 상대를 '틀렸다'고 지적하며 적대시하며 살아온 것입니다. 그리고 상대를 아프게 하는 데에는 우리 모두가 능숙한 기술을 가지고 있음을 보았습니다.

사실 우리와 상대의 가치나 욕구 그 자체의 힘은 결코 충돌하지 않습니다. 오로지 가치나 욕구를 충족하기 위해 우리가 선택하는 수단과 방법의 과정에서 '옳고 그른 판단'이 작용하면서 매우 폭력적으로, 서로에게 상처를 주고받는 말과 행동으로 나타나는 것입니다. 그러나 아이러니하면서도 희망적인 사실은 상처를 주는 말과 행동 속에 숨어 있는 중요한 의도는 언제나 아름답다는 사실이었습니다.

'간절히 이해받고 싶어서', '간절히 사랑하기 때문에' 혹은 '정말로 존중이 필요해서'였습니다. 그러나 말은 "넌 잘못됐어. 넌 좀 고쳐야 돼. 넌 이기적이야!"라는 식으로 표현되고 있었습니다. 이런 식의 말을 들을 때 우리는 말하는 사람의 아름다운 의도를 알아차릴 수 없다는 것, 또 이런 아름다운 의도를 그렇게 비난 섞인 말로 표현하는 방식에 익숙해져 버린 것, 수단과 방법을 가리지 않고 상대를 조종하려는 사고방식, 심지어는 그렇게 평가하고 조종하고 설득하는 것이 훌륭한 의사소통 기술능력을 갖고 있다고 생각하는 것, 이것이 우리와 상대를 단절시켜 온 것입니다.

언제나 우리의 의식은 밖을 향해 있고, 상대에게 쏠려 있습니다. 또한 상대나 사회의 판단으로 자신의 존재를 확인하고자 하는 기운이 퍼지면서 상대가 인정해 줄 때에만 나를 사랑스럽게 여기곤 합니다. 대화를 배우러 왔을 때에도 많은 사람들은 착하게 말하는 것을 배움으로써 상대에게 어떻게 잘 보여야 하는지에 대한 관심을 갖고 있습니다. 끊임없이 자신을 비난하고 탓하며 사랑하지 못할 때, 우리는 상대에게 무조건 맞추면서 희생하거나, 그 상대와의 관계를 끊어버리며 회피해 버리는 양극단의 선택을 하게 됩니다. 때론 엄청난 분노를 표현하면서 상대방에서 내 감정의 모든 책임을 지우려 합니다. 그 과정에 상호적인 소통은 이루어 질 수가 없습니다.

자신을 사랑한다는 것은 과잉보상이나 자기애의 성향을 갖고 있는 것과는 달리, 아주 깊은 수용과 자비로운 마음으로 스스로를 있는 그대로 인정하는 과정입니다. 이 과정은 매우 아프고 두려울 수도 있고 결코 유쾌하다고만 말할 순 없지만, 이 경험을 통해 우리는 자신을 사랑하게 되고 상대를 이해하게 되며, 앞서 말한 자신의 욕구를 충족하기 위해 상대를 비난하는 대신, 이해와 존중으로 마주할 수 있는 힘을 얻게 됩니다.

소통의 능력은 기술에 있지 않습니다. 이것은 진실입니다. 소통의 능력은 온전히 우리의 내적 에너지, 즉 수용과 사랑에서 기반하고 있습니다.

이제 다시 배우고자 합니다. 삶의 진정한 가치를, 서로 주고받는 기쁨이 무엇인가를, 각 존재 자체에서 나오는 아름다움을, 그리고 그런 각 존재끼리 마주할 때 자연스럽게 우러나오는 존중과 사랑을, 존중과 사랑이 기반이 된 소통과 인간적인 연결의 힘을 말입니다.

소통은 연결입니다. 소통의 목적이 '질적인 깊은 연결'이 되기를 소망합니다.